이 땅을 지켜온,

지금도 지키고 있으며,

앞으로도 지켜나갈

대한민국의 모든 군인들에게 이 책을 바친다.

육군의
산파역

이응준

다물아사달 기획 '국군열전'

다물아사달에서는 창군(創軍)과 6·25전쟁, 그리고 대한민국 발전 과정에서 노심초사한 '참 군인'들과 UN군 참전용사들을 선정하여 그들의 삶과 업적을 오늘에 되살리는 '국군열전'을 기획하고 있습니다.

육군의
산파역
이응준

초판 1쇄	2017년 10월 01일
지은이	김선덕
발행인	황승훈
디자인	이슬기
교정·교열	이규석(KBS 성우)
발행처	도서출판 다물아사달
등록번호	제2015-000025호
주소	서울특별시 중구 서소문로6길 34, 609호
전화	02-2281-5553
팩스	02-2281-3953
홈페이지	www.damulasadal.com
가격	13,000원
ISBN	979-11-955026-7-7 04900
	979-11-955026-3-9 04900 (세트)
CIP제어번호	CIP2017023039

이 도서의 국립중앙도서관 출판도서목록(CIP)은 서지정보유통지원시스템 홈페이지(http://seoji.nl.go.kr)와 국가자료공동목록시스템(http://www.nl.go.kr/kolisnet)에서 이용하실 수 있습니다.

ⓒ 김선덕 2017, Printed in Korea.

- 이 책은 저작권법에 따라 보호받는 저작물이므로 무단전재와 무단복제를 금지하며, 이 책 내용의 전부 또는 일부를 이용하려면 반드시 저작권자와 도서출판 다물아사달의 서면 동의를 받아야 합니다.
- 파본이나 잘못된 책은 구입처에서 교환해 드립니다.

국군열전 列傳

육군의 산파역

이응준

도서출판
다물 아사달

시작하는 글

 내가 이응준(李應俊)이라는 인물을 처음으로 알게 된 해는 2012년도였다. 그의 회고록 '회고 90년'을 읽으면서, 나는 이응준이라는 인물을 통해 그가 살았던 질곡(桎梏)의 역사를 보았다. 그리고 그 시절을 살았던 사람들을 대신하여 회한(悔恨)의 눈물을 흘렸다.

 이응준과 동시대의 사람들은 참으로 파란만장(波瀾萬丈)한 삶을 살았다. 아니, 파란만장했던 역사의 격랑(激浪)에 휩쓸려 이리저리 표류했다고 하는 것이 옳은 표현이라 하겠다.

 이응준은 대한제국 육군무관학교의 마지막 생도였으며, 일본 육사를 26기로 졸업한 후 일본군 장교로 복무했던 사람이다. 하지만 광복 후에는 육군의 선신인 '국방경비대(國防警備隊)' 창설에 지대한 공헌을 했으며, 초대 육군총참모장을 지낸 인물이기도 하다.

 1909년 7월 30일, 일본은 대한제국의 마지막 황제인 순종황제를 압박하여 육군무관학교를 폐쇄시키고, 재학생 44명을 일본으로 데려갔다. 그리고 그들을 도쿄 육군중앙유년학교에 편입시켰다. 무관생도들이 일본에 간 지 1년 만인 1910년 8월 29일, 대한제국이 일본에 병탄

(倂呑)되었다. 이 때문에 생도들은 졸지에 '대한제국의 유복자(遺腹子)'가 되고 말았다.

망국의 비보를 들은 조선인 생도들이 한자리에 모여 거취를 논의했다. 의견은 세 가지로 좁혀졌다. ⑴전원 퇴학하고 귀국, ⑵집단 자결, ⑶장교 임관 후 퇴역 등의 3가지 안이었다.

이때 비교적 나이가 많았던 지석규(후일의 광복군 총사령관 이청천) 생도가 "우리는 군사(軍事)를 공부하러 온 사람들이니 배울 것은 끝까지 배운 다음, 장차 중위가 되는 날 일제히 군복을 벗고 조국 광복을 위해 총궐기하자."고 열변을 토했다. 결국 조선인 생도들은 후일 독립운동에 투신하기로 맹세하고 학업을 계속했다.

하지만 이 약속을 실천한 사람은 이청천(지석규) 장군을 비롯하여 조철호, 이종혁, 이동훈 단 네 사람뿐이었다. 나머지 사람들은 딸린 가족이나 주변 환경 때문에 약속을 지키지 못했다. 일본군에 그대로 주저앉거나, 예편 후 일반사회로 진출하고 말았던 것이다.

이응준도 그들 중의 한 사람이었다. 이 때문에 이응준은 자신과 대

척점(對蹠點)에 섰던 네 사람에게 평생 동안 죄책감을 가지고 살아야 했다. 그래서 그의 인생은 더욱 극적이다.

광복 후, 38도선 이남에 진주한 미군이 3년 동안 군정을 실시했다. 국방경비대 창설을 앞둔 1946년 1월 4일, 미 군정청 군무국 차장 아고 대령이 이응준을 자신의 사무실로 초빙했다. 아고 대령은 이응준에게 국방경비대의 고문을 맡아달라고 부탁했다. "미군이 한반도에 대해서 잘 알지 못하니, 국방경비대 창설의 청사진을 만들어 달라."는 요청이었다.

이응준은 국방경비대 부대들이 주둔해야 할 위치와 편성 방법, 병력의 모병 방법, 장비, 교육 등의 전반적인 사항을 정리하여 의견서를 제출했고, 미 군정청은 이응준의 제안대로 국방경비대를 창설했다. 이응준이 육군의 전신인 국방경비대 창설과정에서 산파역할을 한 것이다. 이응준은 이후 초대 3여단장, 초대 3사단장, 초대 육군총참모장 등을 맡아 창군에 공헌했고, 6·25전쟁 때는 5사단장으로 참전했다.

일본의 식민지로 전락했던 경술국치(庚戌國恥), 같은 민족끼리 서로

죽이고 죽였던 6·25전쟁. 역사상 가장 큰 시련과 격변을 잉태한 우리의 근현대사는 당시를 살았던 사람들에게 어느 쪽에 설 것인지 선택을 강요하곤 했다. 이 때문에 이 시대에는 역사 상 그 어느 때보다도 다양한 군상들이 명멸했다.

　따라서 이 책은 단순히 이응준의 삶만을 다루고 있지 않다. 이응준의 주변에서 또 다른 삶을 살았던 수많은 인물들의 삶도 다루고 있는 것이다.

　외세의 침입에 풍전등화 격으로 스러져가던 대한제국에 마지막 불꽃을 지피려고 했던 애국지사들의 얘기를 다루고 있고, 무기력하게 자신의 안위만을 생각한 사람들의 얘기를 다루고 있고, 망한 나라를 되살리기 위해 간난신고(艱難辛苦)의 길을 걸었던 독립투사들의 얘기를 다루고 있으며, 역사의 급류에 휩쓸려 일본군 군복을 입었던 '비극의 군인들'의 이야기도 다루고 있다. 또한 창군 주역들의 노고를 알려주고, 조국 대한민국을 수호하기 위해 피를 흘린 전쟁영웅들이 누구인지를 알려주는 책이기도 하다.

나는 이 세상을 절대선(絶對善)과 절대악(絶對惡)으로 나누고 싶지 않다. 그리고 어떤 인물을 계량적으로 평가하고 싶지도 않다. 나에게 그럴 자격이 없기 때문이다.

사람들은 흔히 공과(功過)를 따질 때 이렇게 얘기한다. '공(功)이 몇이요, 과(過)가 몇이다.' 하지만 공과 과는 역사가 평가할 일이지 개인이 평가할 일이 아니라고 생각한다.

일제강점기, 이응준이 걸었던 길은 결코 민족 앞에 떳떳한 길이 아니었다. 하지만 광복 후, 대한민국 국군의 창군 과정에서 그가 수행한 역할과 공적이 결코 가볍거나 무시할만한 것이 아니라는 것도 사실이다. 어찌 되었건 이응준은 '대한민국 육군의 산파역'을 수행한 사람이었다.

역사의 격랑에 휩쓸려 청(淸)과 탁(濁)을 함께 들이키며 영욕의 삶을 살았던 인물 이응준. 과연 이응준이라는 인물을 어떻게 평가해야 할지, 참으로 어렵고 난감한 일이다.

- 2017년 가을, 남산 자락 두텁바위 마을의 누옥에서

목 차

7 시작하는 글

19 빈농의 아들로 태어나다
22 곽 초시
26 한학을 배우다
29 유럽 열강의 사냥터 아시아
31 식민지 사냥에 뛰어든 일본
34 종이호랑이로 전락한 청나라
36 수렁에 빠진 조선
43 갑신정변의 실패와 청의 전횡
46 청일전쟁
50 을미사변과 대한제국 수립
56 러일전쟁과 시골 소년
62 가출과 무작정 상경
65 인생의 변곡점, 이갑 참령

69	풍운아 이갑
74	일본 육군사관학교에 유학한 조선인들
77	팔형제배와 효충회
82	민족의 선각자, 이갑
90	이갑의 식객이 되다
98	시골 소년 보성중학교에 입학하다
102	육군무관학교의 마지막 생도
106	일본으로 보내진 생도들
112	사라진 나라의 유복자들
119	일본 육군사관학교 입교
121	일본군 육군 소위 임관
125	러시아 출병
128	독립군과 일본군의 갈림길
135	청사에 남을 이름, 이청천
138	진짜 김일성 장군, 김경천
148	이갑의 사위가 되다

목 차

- 155 불타는 중국대륙
- 160 태평양전쟁
- 164 원산에서 맞은 광복
- 166 돌아온 군인들
- 168 미군정의 시작
- 172 만주군 출신의 맏형 원용덕
- 175 군사단체들의 회동
- 177 군사영어학교
- 189 국방경비대 창설의 산파역
- 195 미국과 소련의 동상이몽
- 199 통위부장 유동열
- 204 국방경비대 대령 임관
- 206 여단 창설에 기여하다
- 209 대한민국 정부 수립
- 211 초대 육군총참모장 취임
- 216 초대 3사단장으로 공비토벌에 나서다

224	6·25전쟁과 미아리지구방어전투
233	고난의 후퇴 길, 그리고 예편
237	육군대학 총장으로 현역 복귀
244	제주도 제1훈련소장
249	47년 만에 군복을 벗다
253	만년의 나날
258	영욕을 넘나든 인물, 이응준
264	이력과 경력
266	참고문헌
268	인명색인

육군의
산파역

—

이응준

빈농의 아들로 태어나다

　이응준(李應俊)은 1890년 8월 12일, 평안남도(平安南道) 안주군(安州郡) 주북면(州北面) 서산리(西山里)의 빈농(貧農)인 이정수(李正秀)와 부인 김씨의 6남1녀 중 셋째 아들로 태어났다.

　이응준의 아버지 이정수는 해가 뜨면 논에 나가 일을 하고, 해가 떨어지면 집에 돌아와 잠을 자는 평범한 농부였다. 그러다보니 7남매를 먹여 살리는데도 힘이 부쳐, 자식들에게 교육을 시킨다는 것은 꿈도 못 꿀 그런 처지였다.

　하지만 시골 소년 이응준은 어릴 적부터 공부에 남다른 관심과 흥미가 있었던 것으로 보인다. 6세 때부터 농네 서낭을 찾아가 '천자문(千字文)'과 '동몽선습(童蒙先習)' 등 기초적인 한학(漢學)을 배웠다고 한다. 그러나 서당에 다닌 지 두 해쯤 되는 시점에 서당이 문을 닫는 바람에 그나마도 배울 수가 없게 된다.

이응준

 이응준의 일생을 보면, 그가 원할 때마다 뜻하지 않았던 곳에서 도움의 손길이 뻗쳐오곤 한다. 마치 드라마나 영화에서나 나올 법할 우연과 행운이 계속해서 찾아오곤 하는데, 정말 신기할 정도다. 그 첫 번째 행운이 8세 때 찾아왔다.
 이응준의 집 인근에 곽 초시(初試)라고 불리는 유학자(儒學者), 곽정도(郭廷鍍)가 살고 있었다. 안주군(安州郡) 내에서는 손꼽히는 부자였던 곽 초시에게는 한 가지 걱정거리가 있었다. 둘째 아들 곽영준(郭永浚)이 도통 글 배우기를 싫어했기 때문이었다.

고민을 거듭하던 곽 초시가 한 가지 꾀를 내었는데, 인근에 사는 소년들 중 똑똑한 아이를 한 명 골라 아들의 글동무로 삼는 것이었다. 글동무가 있으면 혹시라도 글공부에 재미를 붙이지 않을까 하는 계책이었다. 그런데 그 글동무로 곽영준과 동갑내기인 이응준이 발탁되었던 것이다.

곽 초시

조선시대 과거(科擧) 시험은 소과(小科)와 문과(文科), 그리고 무과(武科)와 잡과(雜科)의 네 종류가 있었다.

과거는 정기적으로 실시한 과거와 비정기적으로 실시한 과거의 두 종류로 나뉜다. 정기적으로 실시한 과거는 3년에 한 번씩 실시한 식년시(式年試)가 있었으며, 비정기적인 과거는 나라에 경사가 생기거나 필요할 때마다 수시로 실시한 증광시(增廣試)·별시(別試)·알성시(謁聖試)·정시(庭試)·춘당대시(春塘臺試) 등이 있었다.

소과, 문과, 무과, 잡과 네 종류의 시험 중에서 소과는 다른 시험들과는 그 성격이 매우 달랐다. 소과(小科)는 생원진사시(生員進士試)라고도 하는데, 그것은 소과가 생원시(生員試)와 진사시(進士試)로 이루어져 있었기 때문이었다. 생원시는 사서오경(四書五經) 등 유교경전에 관한 지식을, 진사시는 시(詩)와 부(賦) 등 글짓기를 시험했다.

소과에 합격하면 생원(生員) 또는 진사(進士)라고 하는 일종의 학위가 수여되었으며, 성균관(成均館)에 입학할 수 있는 자격이 주어졌다. 합격자 중 일부가 미관말직(微官末職)에 임명되는 경우가 간혹 있기는 했지만, 관리(官吏)가 되려면 다시 문과 시험을 거쳐야했다. 소과는 관리임용제로서 출발한 문·무·잡과와는 그 성격이 기본적으로 달랐던 것이다.

여기서 재미있는 사실은 생원이나 진사가 된 사람들 중 관계(官界) 진출을 목적으로 다시 문과에 도전하는 사람들도 있었으나, 그렇지 않은 사람들이 더 많았다는 것이다. 그런 현상은 조선 후기로 갈수록 더욱 늘어나는데, 그것으로 미루어 짐작컨대 소과에 응시하는 사람들의 대부분이 생원 또는 진사라고 하는 지위를 최종 목표로 했다는 얘기다.

문과에 급제할 자신이 없거나, 혹은 관계에 진출할 생각이 없으면서도 그들은 왜 생원이나 진사가 되려고 했을까? 그것은 생원이나 진사가 되는 것이 자신의 위신은 물론, 가문(家門)과 후손의 명예를 세우는 길이었기 때문이었다.

생원과 진사는 문과에 응시할 수 있는 자격증이라는 의미를 넘어 지방 사회에서 유학자(儒學者)로서 행세할 수 있는 자격증으로 활용되었다. 그들은 지방민들에게 영향력을 행사하고, 지방 행정에도 관여하는 유력자들이었다. 때로는 지방 관리들과 결탁하여 많은 이권을 누리기도 했다. 이 때문에 문과에 급제하여 벼슬길에 나아가지는 못한다 해도 생원·진사가 되고자 했던 것이다.

문과(文科)는 문신(文臣), 무과(武科)는 무신(武臣)을 선발하는 시험이었으며, 잡과(雜科)는 전문기술관을 뽑는 시험으로서 역과(譯科:통역관)와 의과(醫科:의무관), 그리고 음양과(陰陽科:천문·풍수지리관)와 율과(律科:

법률전문가)의 4과가 있었다.

소·문·무·잡과 모두 초시(初試: 1차 시험)와 복시(覆試: 2차 시험)가 있어, 복시에 붙어야만 최종합격이 되었다. 문·무·잡과 모두 복시에 급제해야 관리가 될 수 있었으며, 소과의 경우도 복시를 통과해야 생원이나 진사가 될 수 있었다. 그중 문과와 무과의 경우에는 왕이 직접 주재하는 전시(殿試: 3차 시험)가 있었지만, 전시는 복시에 급제한 자들의 등수를 매기는 시험이었으니, 복시가 곧 최종시험이었다.

과거를 한 번 실시할 때마다 몇 명의 급제자를 뽑았을까? 식년시 문과에서는 33명을 뽑았고, 무과의 경우는 28명을, 그리고 소과의 경우는 생원과 진사를 각각 100명씩 선발했다.

그렇다면 한성부(漢城府: 서울)와 전국 8도에서 실시한 1차 시험인 초시에서는 모두 몇 명이나 선발했을까? 문과에서는 240명을 뽑았고, 무과의 경우는 190명을, 그리고 소과의 경우는 생원시와 진사시에서 각각 700명씩 총 1,400명을 선발했다. 초시에 합격하는 것만 해도 엄청나게 힘든 일이었던 것이다.

조선시대 사람들은 초시에 급제한 사람들을 '무슨 초시'라고 부르며 예우를 했으니, 곽정도라는 인물도 소과나 문과의 초시에 급제한 인물이었던 것으로 보인다.

1876년에 일본과 체결한 강화도조약(병자수호조약)에 의해 조선이 문호(門戶)를 개방하면서 과거제도는 위기를 맞게 된다. 해외로부터 새로운 문물이 전해져 근대사회로 변모하게 되면서, 한학(漢學)으로 관리를 선발하는 과거제도가 설자리를 잃게 된 것이다. 결국 과거제도는 1894년의 갑오개혁(甲午改革) 때 폐지되었고, 근대식 교육제도와 관리 선발 제도가 도입되기 시작했다.

하지만 수천 년 동안 내려온 한학교육의 전통이 한순간에 사라질 수는 없었다. 여전히 조선 사회에서는 한학을 알아야 식자(識者)로서 대접을 받았던 것이다.

곽 초시의 고민이 바로 여기에 있었다. 지역사회에서 유력자로 대접을 받았던 곽 초시는 자신의 아들에게도 한학을 가르쳐 명망 있는 인사로 키우고 싶은데, 아들이 영 글공부에 관심이 없으니 큰 걱정이 아닐 수 없었던 것이다.

그래서 궁여지책으로 아들의 글동무를 구하기로 한 것이었는데, 주변의 평판을 들어본 결과 이응준라는 소년이 적임자라는 결론을 내리게 된다. 이응준으로서는 천재일우(千載一遇)의 기회가 찾아온 것이었다. 지금으로 치면 '시간당 얼마' 하는 초호화 과외수업을 공짜로 받게 된 셈이었다.

한학을 배우다

이후 이응준은 곽 초시 집 사랑방에서 차곡차곡 한학을 익혀나갔다.

2년 남짓 나는 '소학(小學)'을 비롯하여 '논어(論語)', '맹자(孟子)', '사략(史略)', 그리고 '고문진보(古文眞寶)' 등을 통달할 수 있게 되었다. 곽영준보다도 내가 더 글공부에 열의를 보였음인지 아주 친절을 베풀어 가르치는 곽 초시였다. 때로는 식사시간을 늦추기도 하고 외출시간을 미루면서까지 나를 훈도하는데 적극적이었다. 영준이는 좋은 환경에서 자란 탓인지 글공부에 좀처럼 취미를 붙이지 못하였다.

나는 그분의 백골난망(白骨難忘)의 은혜를 입으면서 차츰 문리(文理)를 트게 되었나 보았다.

어슴푸레하나마 공자(孔子)와 맹자(孟子)의 존재를 어느 정도 깨닫기 시작했고, 흥망성쇠가 잦은 중국 역조(歷朝)의 발자취를 더듬을 수 있었다. '적벽부(赤壁賦)'와 '귀거래사(歸去來辭)'를 암송하면서 문호 이태백(李太白), 두자미(杜子美), 소동파(蘇東坡), 도연명(陶

淵明), 구양수(歐陽修) 등을 연상할 수 있었다.[1]

그러던 중 이응준이 14세가 되던 1904년 초, 곽 초시와의 인연이 다하고 말았다. 그것은 다름 아닌 곽영준의 결혼 때문이었다. 조선사회에서는 조혼(早婚)이 성행했다. 특히 양반(兩班) 가문이나 부유한 집안 일수록 더욱 그랬다. 지금으로서는 이해가 안 되는 일이지만, 당시의 14세는 결혼 적령기였다.

당시 풍속으로 일단 남자가 장가를 들게 되면 관동지별(冠童之別)[2]이라 하여 어른 대접을 받았다. 반면 아무리 나이가 들어도 장가를 들지 못한 사내는 어린아이 취급을 받았다. 그런 까닭에 이응준과 곽영준은 자연스럽게 서먹서먹한 사이가 되었다.

게다가 가뜩이나 글공부를 싫어하던 곽영준이 남녀 간의 운우지정(雲雨之情)에 눈을 뜨게 되면서, 아예 글공부는 뒷전으로 하고 색시의 치마폭에서 헤어나지 못했던 모양이다. 따라서 이응준 또한 글공부를 계속할 수 없게 되었다. 곽 초시에게 마지막 인사를 고하던 날, 이응준을 아꼈던 곽 초시가 이렇게 말했다고 한다.

"너는 한의(韓醫)가 되거나 장사하는 길을 택하는 것이 어떻겠느냐?"

한마디로 "너는 시골에서 농사나 짓기에는 아까운 인물이니 도시로 나가 새로운 길을 모색해보라."는 얘기였다. 집안 형편상 공부를 계속

---

1) 이응준, 「회고 90년」, P. 31.
2) 관동지별(冠童之別): 장가들어 상투를 틀고 관(冠)을 쓴 사내와 어린 아이(童)는 다르다는 뜻

할 수 없었던 이응준은 곽 초시의 말대로 도시에서 새로운 길을 찾아보기로 마음을 정하게 된다.

이응준은 안주읍(安州邑)으로 나가 일을 배우기 시작했다. 한약방(韓藥房)에서 잔심부름도 하고, 큰 상점의 점원으로 취직하여 장사일도 배웠다. 안주가 비록 지방의 소도시에 불과했지만, 도시생활 속에서 나름대로 견문을 넓혀나갔던 것이다.

하지만 안주에서의 생활은 얼마 안 가서 종지부를 찍게 된다. 러일전쟁(露日戰爭) 때문이었다. 조선과 만주의 지배권을 차지하기 위해 일본과 러시아가 벌였던 러일전쟁. 이 전쟁은 대한제국의 몰락에 결정타를 날린 전쟁인 동시에 시골 소년 이응준의 인생 진로를 바꾼 전쟁이었다.

유럽 열강의 사냥터 아시아

19세기는 제국주의(帝國主義)의 광기(狂氣)가 절정에 달했던 시기였다. 산업혁명으로 근대화를 이룬 유럽의 열강(列强)들은 원료 공급지와 상품 소비시장을 확보하기 위해 앞 다투어 식민지(植民地) 개척에 열을 올렸다. 남미와 아프리카, 아시아의 약소국들이 유럽 열강들의 좋은 먹잇감이었다.

아시아 국가들 중 침탈을 당하지 않고 온전하게 살아남은 국가는 일본이 유일했다.

일본은 미국 페리(Matthew C. Perry) 제독의 군사력을 앞세운 '함포외교(艦砲外交)'에 굴복하여 미일화친조약(美日和親條約, 1854년)과 미일수호통상조약(美日修好通商條約, 1858년)을 시작으로 유럽 열강들과 잇따라 불평등 조약을 체결하면서 문호를 개방했다.

그렇지만 일본은 메이지유신(明治維新, 1868년)을 통해 효과적으로 근대화를 추진했다. 세키가하라 전투(1600년)의 승리 이래 270여 년 동안 군사독재로 일본을 지배해왔던 도쿠가와(德川) 가문의 막부정치(幕府政

治)를 종식시키고, 메이지(明治) 왕을 중심으로 새로운 정부를 수립하여 근대국가 건설에 박차를 가한 것이다. 동아시아 국가 중 가장 모범적인 사례라 하겠다.

식민지 사냥에 뛰어든 일본

하지만 일본은 유럽 열강들에게 당하고 있던 이웃 국가들을 연민하기는커녕, 뒤늦게 근대화를 이룬 것을 한탄하며 식민지 사냥에 뛰어들었다. 참으로 고약한 나라가 아닐 수 없다.

일본의 첫 표적이 바로 조선이었다. 1876년에 체결한 강화도조약을 출발점으로 일본은 조선을 집어삼키기 위한 수순을 차근차근 밟아나갔다. 강화도조약(江華島條約)은 1876년(병자년) 2월, 조선과 일본이 강화도에서 체결한 조약으로 정식 명칭은 조일수호조규(朝日修好條規)이며, 병자수호조약(丙子修好條約)이라고도 한다.

총 12조로 된 이 조약은 군사력을 앞세운 '함포외교'에 의해 체결된 조약으로, 20여 년 전 미국에게 당한 것을 한 술 더 떠서 조선에게 적용한 불평등 조약이었다. 주요 내용은 다음과 같았다.

제1조: 조선국은 자주 국가로 일본국과 동등한 권리를 보유한다.

제4조: 종전의 무역 관례는 없애고 새로 만든 조약에 준하여 무역 사무를 처리한다. 조선 정부는 종전의 부산 외에 제5조에 제시한 항

구를 개항하여 일본국민들이 오가며 통상하게 한다.

제5조: 경기·충청·전라·경상·함경 5도 중에서 연해의 통상하기 편리한 항구 두 곳을 골라 개항한다.(후속협상 결과 원산과 인천으로 결정됨)

제7조: 일본국 항해자들이 수시로 조선국 해안을 측량하여 도면을 만들어서 양국의 배와 사람들이 위험한 곳을 피하고 안전히 항해할 수 있도록 한다.

제9조: 양국 백성들은 자유롭게 거래하며, 양국 관리들은 간섭하거나 금지할 수 없다.

제10조: 일본인이 조선의 지정한 항구에서 범죄 했을 때 만일 조선과 관계되면 일본에 돌려보내어 수사·판결하게 하며, 조선인이 범죄를 저질렀을 경우 일본과 관계되면 모두 조선 관청에 넘겨서 수사·판결하게 하되 각기 자기 나라의 법에 근거해 처리한다.

조약의 내용을 해석해보면, 제1조 '조선국은 자주 국가로 일본국과 동등한 권리를 보유한다.'는 한마디로 조선과 청나라 간의 '전통적인 사대(事大)' 관계를 무효화하여 일본이 조선에서 주도권을 잡겠다는 내용이었다.

그리고 제5조 원산·인천의 개항과 제7조 조선 연안의 측량 허용은 향후 조선침략을 원활하게 하겠다는 포석이었다.

특히 제7조는 일본이 조선의 지리 정보를 상세하게 파악할 수 있는 근거를 제공했을 뿐 아니라, 일본 군함이 아무 때나 조선의 바다에 드나들 수 있도록 보장해준 것이나 마찬가지였다.

제9조 '양국 백성들은 자유롭게 거래하며, 양국 관리들은 간섭하거나 금지할 수 없다.'는 조항은 두 나라가 '상호무관세(相互無關稅)'로 무역을 한다는 얘기였다. 농수산품 위주의 조선과 공업생산품 위주의 일본이 무관세로 무역을 하게 되었으니, 이때 이미 조선은 일본의 '경제적인 식민지'가 되었던 것이다.

또한 제10조는 조선에 진출한 일본인의 치외법권(治外法權)을 인정한다는 것이었으니, 강화도조약은 일방적이고 불평등한 조약이었으며, 일본이 조선을 침략하는 시발점이 된 조약이었다.

하지만 일본에게는 중국(청나라)과 러시아라는 걸림돌이 있었다. 청(淸)나라는 '조선의 종주국(宗主國)'이라는 기득권을 포기할 수 없었다. 그뿐 아니라 만약 조선이 일본에게 넘어갈 경우 다음 목표가 자신이라는 사실을 잘 알고 있었다. 순망치한(脣亡齒寒)을 미리 방지해야 했다.

한편, 동아시아로 진출하기 위해 부심하고 있던 러시아에게 있어서도 일본은 최대의 적이었다. 러시아는 어떻게 해서든지 일본이 조선과 만주로 진출하는 것을 막아야 했다. 일본을 막는 것에서 그치는 것이 아니라 부동항(不凍港)이 필요했던 러시아 또한 호시탐탐 조선을 노리고 있었다.

종이호랑이로 전락한 청나라

일본이 조선과 강화도조약을 체결하자, 청나라가 일본을 견제하기 위해 나섰다. 조선에 대한 종주권을 국제적으로 승인받으려는 목적으로 조선과 미국과의 조미수호통상조약(朝美修好通商條約, 1882년) 체결을 주선한 것이다. 이 조약도 강화도조약과 마찬가지로 치외법권과 최혜국(最惠國) 대우 등을 규정한 불평등 조약이었다. 조선은 이후 영국을 비롯한 유럽 각국과도 비슷한 통상조약을 차례로 맺게 된다.

하지만 청나라의 사정도 우리와 별반 다르지 않았다. 당시 청나라는 '유럽 열강들의 동네북' 신세였다. 청나라가 '동네북'이 된 시발점은 영국과 벌인 제1차 아편전쟁(1840~1842년)에서의 패배였다. 이 전쟁에서 패한 청나라는 남경조약(南京條約, 1842년)을 체결하고 홍콩을 영국에게 할양(割讓)[3]하는 수모를 당했다.

이후 청나라를 만만하게 본 유럽 열강들은 앞 다투어 불평등 조약을 요구했다. 1844년에 미국과 맺은 망하조약(望廈條約)과 프랑스와 체

---

3) 할양(割讓): 자기나라 영토의 일부를 다른 나라에게 넘겨주는 것

결한 황보조약(黃埔條約), 1847년에 스웨덴·노르웨이와 체결한 광동조약(廣東條約), 1858년에 러시아와 체결한 애혼조약(愛琿條約) 등이 그것이다.

영국·프랑스 연합군과 벌인 제2차 아편전쟁(1856~1860년)에서는 수도인 북경(北京)이 함락당하는 씻지 못할 수모까지 당했다. 제2차 아편전쟁 중인 1858년에는 천진(天津)에서 영국·프랑스·러시아·미국의 4개국과 일방적인 최혜국 조약을 맺었으며, 북경 함락 이후 체결한 북경조약(北京條約, 1860년)에서는 홍콩과 접한 구룡반도(九龍半島)까지 영국에게 추가로 할양하고 말았다. 그뿐만이 아니라 조약을 중재했던 러시아에게 그 대가로 연해주(沿海州)를 내주고 말았다.

제2차 아편전쟁의 결과 청나라는 '동양의 강대국'에서 일약 '종이호랑이'로 전락하고 말았다. 청나라는 이후 유럽 열강의 침탈에 속수무책으로 당하게 된다.

수렁에 빠진 조선

강화도조약이 체결되기 몇 년 전까지 조선의 실권은 고종(高宗)의 아버지인 흥선대원군(興宣大院君) 이하응(李昰應)의 수중에 있었다. 12세의 어린 고종이 즉위한 1863년부터 섭정(攝政)을 맡아 10년 동안 권력을 휘둘렀던 것이다. 흥선대원군은 서구의 사상과 문물이 조선에 유입되면 왕권 중심의 유교사상이 무너질 것을 우려하여 나라의 문을 걸어 잠그는 쇄국정책(鎖國政策)을 강력하게 추진했다.

하지만 고종이 22세의 청년으로 성장하게 되면서 상황이 변했다. 장성한 고종이 직접 나라를 다스리기를 원했던 것이다. 결국 흥선대원군은 1873년에 권좌에서 물러나고 말았다. 이후 조선의 실권은 고종의 왕비인 민 왕후(閔王后)[4] 민자영(閔紫英)과 척족(戚族)인 민 씨 세력에게 넘어가고 만다.

---

[4] 1897년에 고종이 황제로 즉위하면서 민 왕후는 명성황후(明成皇后)로 추존된다.

흥선대원군 이하응

교련병대(별기군)

고종과 '민 씨 척족정권(閔氏戚族政權)'은 흥선대원군이 추진했던 쇄국정책에서 벗어나 일본 및 서양열강들과 차례로 수교를 맺어나갔다. 하지만 워낙 국제정세에 어두웠기 때문에 수없는 시행착오를 겪어야 했다. 한편, 권력을 빼앗긴 흥선대원군과 수구파(守舊派)들은 재기의 기회를 엿보며 틈을 노리고 있었다.

강화도조약을 계기로 문호를 개방하면서 서양열강들의 막강한 힘을 알게 된 고종은 신문명과 근대적인 기술을 받아들이기 위해 노력하기 시작했다. 일본에는 수신사(修信使)를 파견하고, 청나라에는 영선사(領選使)를 파견하여 신문물을 시찰하는 한편, 근대적인 기술을 배우기 위해 힘썼다. 또한 국방력을 강화하기 위한 일환으로 1881년 5월에 신식 군대인 교련병대(敎鍊兵隊), 일명 별기군(別技軍)을 창설했다.

    고종의 의도를 일찍부터 파악하고 있던 일본은 소총을 기증하는 한편, 신식 군사 기술을 가르칠 교관을 파견하겠다고 제안했다. 조선 군대를 일본식으로 교육시키면서 자연스럽게 일본군을 파견할 호기라고 판단했던 것이다. 고종은 일본의 제안을 받아들였다.

    별기군은 기존의 중앙군(中央軍)인 오군영(五軍營)에서 가장 뛰어난 군인 80명을 선발하여 편성되었으며, 일본군 공병 소위 호리모토 레이조(掘本禮造)가 교관을 맡았다. 당시 사람들은 일본인 교관이 별기군을 훈련시킨다 하여 왜별기(倭別技), 즉 '일본의 별기군'이라고 곱지 않은 시선을 보냈다.

    별기군은 구식 군인에 비해 월등히 높은 녹봉(祿俸)[5]과 장비를 지급받았고 모든 면에서 좋은 대우를 받았다. 구식 군인들이 녹봉을 제대로 받지 못한 것과는 대조적인 차별대우였다. 이 차별대우는 구식 군인들이 임오군란(壬午軍亂)을 일으키게 되는 결정적인 원인 중의 하나가 된다.

    1882년(임오년) 2월, 조선정부는 기존의 오군영을 무위영(武衛營)과 장어영(壯禦營)의 2영으로 축소하였다. 이에 따라 구식 군인들이 대거 해고되었다. 실직하지 않고 무위영과 장어영으로 보직이 이동된 군인들에게도 녹봉이 13개월 치나 지급되지 않아, 구식 군인들의 불만이 하늘을 찔렀다.

---

5) 녹봉(祿俸): 조선시대 관료들에게 보수로 지급된 곡식이나 베, 돈 등을 통틀어 이르는 말

훈련 중인 별기군

    1882년 7월 19일, 한 달 치의 녹봉미(祿俸米)가 지급된다는 소식을 전해들은 무위영과 장어영의 군졸들이 선혜청(宣惠廳)으로 모여들었다. 하지만 13개월 만에 지급된 불과 1개월 치의 녹봉미조차 정상적인 상태가 아니었다. 지급된 쌀의 대부분이 썩은 쌀인 데다가 반 가까이 모래와 겨가 섞여 있었고, 양마저도 정량에 미달했다.

    분노한 군병들이 폭동을 일으켰다. 임오군란(壬午軍亂)이 일어난 것이다. 성난 군병들은 선혜청 당상(堂上) 민겸호(閔謙鎬)의 저택으로 몰려가 불을 질렀다. 분이 풀리지 않은 군병들은 별기군 훈련장소인 하도감(下都監)을 습격했다. 교관 호리모토 소위를 비롯한 일본인 13명을 살해한 군병들은 다시 일본 공사관으로 몰려가 불을 질렀다. 사태가 이에 이르자 하나부사(花房義質) 공사와 공관원들은 황급히 본국으로 도망했다.

7월 24일, 급기야 군병들이 민 씨 척족세력의 상징인 민 왕후를 제거하기 위해 창덕궁에 난입했다. 민 왕후가 간신히 몸을 피했지만, 성난 군병들은 민겸호와 김보현 등 대신들을 살해했다. 상황이 이에 이르자, 고종은 군병들의 지지를 받고 있던 흥선대원군에게 사태의 수습을 부탁하게 된다.

임오군란 덕에 다시 정권을 잡은 흥선대원군은 오군영을 다시 설치하는 등 군제(軍制)부터 개혁했다. 다음으로는 민 씨 척족세력을 제거하는 인사를 단행했다. 이에 다급해진 민 씨 세력이 청나라에게 원병을 요청했다. 결국 흥선대원군 정권은 불과 33일 만에 무너지고 말았다. 청나라가 3,000여 명의 청군(淸軍)을 파병했기 때문이었다. 청군은 대원군을 납치하여 중국 보정부(保定府)에 유폐시켰고, 권력은 다시 민 씨 척족세력에게 돌아갔다.

하지만 사태는 뜻하지 않은 방향으로 흘러갔다. 청군이 임오군란을 진압한 이후에도 돌아가지 않고 계속 주둔했던 것이다. 청군 수뇌부는 조선의 군제를 청나라 식으로 개편하여 조선 군대를 자신들의 영향력 아래에 두려고 했다. 뿐만 아니라 사사건건 조선의 국정에 간섭하였으며, 심지어는 조선을 속국으로 만들기 위해 '조선속방화정책(朝鮮屬邦化政策)'을 추진했다.

그동안 조선이 청나라에게 조공(朝貢)⁶⁾을 하고 책봉(冊封)⁷⁾을 받는 사대(事大)를 해왔지만, 조선은 엄연히 독립 국가였다. 그런데 군대를 주둔시킨 김에 조선을 아예 식민지로 만들려고 했던 것이다. 자기나라도 제대로 건사하지 못하면서 남의 나라에 눈독을 들였으니 참으로 어처구니없는 일이다.

문제는 그것뿐만이 아니었다. 일본 또한 1개 대대의 병력을 파병한 것이다. 일본은 호리모토 소위를 비롯한 13명의 일본인을 살해한 주모자를 처벌하라며 조선 정부를 위협한 끝에 손해 배상을 내용으로 하는 제물포조약을 체결했다. 뿐만 아니라 조선에 거류하는 자국민을 보호한다는 명분으로 한성에 일본군을 주둔시켰다.

민 씨 척족 정권이 추진한 성급한 개화정책, 그리고 정치·경제·사회적인 모순에 대한 반발로 일어난 임오군란이 결과적으로는 청나라와 일본이 조선에 개입하는 단초를 제공하고 말았던 것이다.

---

6) 조공(朝貢): 예전에 속국이 종주국에게 때맞추어 바치는 예물, 그리고 예물을 바치는 행위를 이르는 말
7) 책봉(冊封): 제후(諸侯)·비빈(妃嬪)·공신(功臣) 등에게 봉작(封爵)을 내리는 일. 예전 동아시아에서는 중국의 황제가 주변국의 왕에게 책봉을 내림으로써 명목상의 군신관계를 유지했다.

갑신정변의 실패와 청의 전횡

 민 씨 척족세력은 청나라 덕분에 재집권하게 되자, 청국의 조선속방화정책에 순응했다. 그들은 나라의 독립이 크게 침해되고 자주 근대화가 저지되는 것은 전혀 돌아보지 않고 사리사욕을 채우는 데에만 급급하였다.

 하지만 청나라의 조선속방화정책에 제동을 거는 세력이 있었다. 박영효(朴泳孝), 홍영식(洪英植), 김옥균(金玉均), 서재필(徐載弼) 등을 중심으로 하는 개화당(開化黨)이었다. 1874년경부터 본격적으로 형성되기 시작한 개화당은 자수석으로 근대화 개혁을 추진하자는 세력이었다.

 청나라는 개화당이 추진하는 개혁운동이 궁극적으로는 '청나라로부터 조선의 독립'을 추구하는 개혁이라고 보았다. 이 때문에 청나라와 민 씨 척족세력은 온갖 방법을 동원하여 개화당의 개화운동을 저지했다. 이에 개화당은 청군을 몰아내고 정권을 장악한 후, 자신들이 추구하는 방식으로 개화정책을 추진하기 위해 1883년부터 무장 정변을 준비하기 시작했다.

1884년(갑신년) 12월 4일, 개화당이 갑신정변(甲申政變)을 일으켰다. 하지만 개화당은 두 가지 실수를 저질렀다. 하나는 충분한 준비와 병력을 갖추지 못한 상태에서 거사를 했다는 것이고, 다른 하나는 정변에 일본을 끌어들였다는 것이다.

개화당 수뇌부는 일본 측으로부터 공사관 병력 150명과 일화 3백만 엔을 빌려주겠다는 약속을 받고 정변을 일으켰는데, 결정적인 순간에 일본에게 배신을 당하고 만다. 도와주겠다던 일본군이 막상 청군의 반격이 시작되자 철수해버리고 만 것이다.

개화당은 민 씨 척족세력을 몰아내고 새로운 정부를 수립하는데 성공한다. 하지만 12월 6일, 청군의 반격에 밀려 이른바 '3일천하(三日天下)'로 막을 내리고 말았다. 결국 개화당 세력은 피살당하거나 일본으로 피신하게 된다. 이때 일본으로 피신한 김옥균과 박영효 등은 친일파로 변하게 된다.

정변이 마무리되자, 조선 정부는 일본이 갑신정변에 관여한 것에 대한 책임을 물으며 강력하게 항의했다. 하지만 일본은 적반하장이었다. 자국의 군대가 피해를 입었다는 핑계를 대며 2개 대대의 병력을 한성에 파견했던 것이다. 표면적인 이유는 자국민 보호였지만, 실상은 조선에서 청나라의 영향력이 확대되는 것을 막겠다는 의도였다.

임오군란의 경우도 그랬지만, 갑신정변 또한 조선에 대한 청·일 양국의 주도권쟁탈전에 기름을 붓는 결과를 초래하고 말았다. 갑신정변을 계기로 청나라와 일본의 대립이 더욱 격화되었다.

1885년 4월, 청나라와 일본이 충돌을 피하기 위해 천진에서 조약을 체결했다. '청·일 양국의 군대는 4개월 이내에 조선에서 철병하고, 조선 스스로 군대를 양성할 수 있도록 하며, 훈련교관은 제3국의 무관을 고용하도록 한다.'는 내용이었다. 그리고 조선에서 장차 변란이나 중요사건이 발생하여 청·일 양국 또는 어느 한 나라가 파병할 때는 먼저 문서로 통지하고, 사태가 진정되면 다시 철병하기로 합의했다.

청일전쟁

1894년(갑오년) 2월 15일, 조선 정부의 학정에 항거하여 동학교도(東學敎徒)와 농민들이 전라도 고부(古阜)에서 민란(民亂)을 일으켰다. 이른바 동학농민혁명(東學農民革命), 또는 갑오농민운동(甲午農民運動)이라 불리는 민란이었다.

농민군이 파죽지세로 전라도 전주를 점령(5월 31일)하자, 민란을 진압할 능력이 없었던 조선 정부는 청나라에게 구원병을 요청했다. 자기나라의 백성들조차 통제하지 못하고 또다시 외국군을 끌어들였으니, 무능하고 답답하기 그지없는 조선 정부였다.

조선 정부의 요청에 의해 병력을 보내면서 청나라는 1885년에 체결한 천진조약에 의거하여 일본에게 이 사실을 통보했다. 일본은 청나라의 통보를 받자마자 곧바로 조선에 부대를 파병했다. 청군 2,400여 명이 충청도 아산만에 상륙(6월 8~9일)했고, 일본군 대부대도 인천에 상륙(6월 9일)했다.

1894년 6월, 경성 아현동 일대에 주둔한 일본군

　청군과 일본군이 들어오자 농민군은 정부와 '전주화약(全州和約, 6월 11일)'을 맺고 전주에서 철수했다. 이어 조선 성부는 민란이 진정되었음을 이유로 청군과 일본군의 철수를 요구했다. 청군은 조선정부의 요구를 받아들이려했지만, 일본군은 이를 거부했다.
　거부한 정도가 아니었다. 7월 23일, 무력으로 경복궁을 점령하고 친일내각을 수립하더니, 7월 25일에는 선전포고도 없이 풍도(豊島)[8] 앞바다에서 청국 군함들을 습격하여 청일전쟁(淸日戰爭)을 일으키고 만 것이다.

---

8)　풍도(豊島): 인천 남서쪽 41km 지점에 위치

청일전쟁 중 일본군의 진로

　일본군은 승승장구했다. 7월 말, 아산·공주·성환 일대에 포진한 청군에게 승리를 거두었고, 9월 16일에는 평양전투에서 대승을 거둠으로써 청군을 조선 땅 밖으로 몰아내는데 성공한다. 10월 24일, 압록강을 건넌 일본군은 요동반도(遼東半島: 랴오둥반도)의 도시들을 점령해 나갔다. 11월 22일에는 여순(旅順: 뤼순)을 점령했으며, 1895년 2월에는 위해(威海: 웨이하이웨이)를 함락시킨데 이어, 3월에는 대만(臺灣)을 점령하여 동중국해를 장악했다.

전세가 불리해지자 청나라는 일본에 화의를 청하여, 시모노세키(下關)에서 강화조약을 조인(1895. 4. 17.)하고 전쟁을 끝맺었다. 조약의 제1조는 '청국은 조선이 완전무결한 자주독립국임을 인정한다.'였다. 이것은 조선의 자주권을 보장하기 위해서가 아니라 조선에서 청이 누리고 있던 종주국으로서의 지위를 박탈하기 위해서였다. 조선을 일본의 보호국으로 만들기 위한 포석이었던 것이다.

을미사변과 대한제국 수립

　시모노세키조약 중에는 요동반도와 대만을 일본에 할양한다는 조항도 있었다. 이 조항 중 '요동반도의 할양'이라는 내용이 러시아를 자극했다. 1860년에 체결된 북경조약으로 청나라로부터 연해주를 넘겨받은 러시아는 만주와 요동반도로 진출하려고 노리고 있었다. 따라서 일본이 요동반도를 차지하는 것을 좌시하지 않았다.

　러시아는 프랑스와 독일을 부추겨 일본이 요동반도를 반환하도록 종용했다. 이를 '삼국간섭(三國干涉)'이라고 한다. 결국 일본은 대만을 할양받은 것에 만족하고, 요동반도는 청나라에게 다시 돌려줄 수밖에 없었다.

　삼국간섭으로 위상이 올라간 러시아는 이후 본격적으로 조선 국정에 개입하려고 시도했다. 한편, 청나라가 쫓겨나간 후 민 씨 척족세력은 러시아와 손을 잡고 일본세력을 축출하려고 했다.

　일본은 러시아세력을 견제하기 위해 극약처방을 내렸다. 1895년(을미년) 10월 8일(음력 8월 20일), 주한 일본공사 미우라가 동원한 수십 명의 일본군 수비대 병력과 낭인(浪人)들이 경복궁에 난입하여 민 왕후를 시해하는 만행을 저지른 것이다. 을미사변(乙未事變)이라고 불리는 치가 떨리는 사건이었다. 120여 년이 지난 지금에 와서 생각해봐도 분통이 터져 자다가도 벌떡 일어날 일이 일어난 것이다.

다음해인 1896년 2월, 고종은 일본의 압력을 피해 거처를 러시아 공사관으로 옮기는 아관파천(俄館播遷)을 단행했다. 이후 조선에는 친러 내각이 들어섰고 러시아의 정치적 영향력이 크게 확대되었다. 전국 곳곳의 삼림 채벌권과 채광권 등 다양한 이권이 러시아의 손으로 넘어갔다.

아관파천 당시의 러시아 공사관

아관파천 다음해인 1897년 2월, 경운궁(현재의 덕수궁)으로 환궁한 고종은 그해 10월 12일, 황제로 즉위하며 국호를 '대한(大韓)'으로 개정했다.

러시아 공사관 2층 창문(왼쪽)에 모습을 드러낸 고종

고종

청일전쟁 후, 일본은 제국주의 열강의 반열에 오르게 되었다. 청나라로부터 받은 막대한 전쟁배상금과 식민지로 편입된 대만에서 착취

한 자원에 힘입어 경제력도 급속하게 성장했다. 또한 만주로 진출하기 위해 러시아와 대립각을 세우며 군사력을 대규모로 확장했다.

러시아는 일본의 세력 확장을 저지하기 위해 1896년, 청나라와 군사밀약을 맺고 동청철도(東淸鐵道)의 부설권을 얻어냈다. 동청철도는 하얼빈(哈爾濱)을 중심으로 만주리(滿洲里)와 대련(大連)을 잇는 철도 노선이다. 이어 1898년에는 여순(旅順)과 대련 일대를 조차(租借)[9]하여 군사기지를 설치했다.

청나라 말기, 중국 화북지방에서 '의화단운동(義和團運動, 1899~1901년)'이 일어났다. '의화단의 난'이라고도 불리는 이 운동은 열강들을 중국 땅에서 몰아내자는 외세배척운동이었다. 1900년 6월, 의화단이 북경에 있는 외국 공관지구를 포위 공격하자 러시아와 일본을 비롯한 열강 8개국[10]이 군대를 보내 의화단을 진압했다.

이때 러시아는 의화단으로부터 만주지역의 동청철도를 보호한다는 구실을 내걸고 수십만 명의 러시아군을 만주에 파병하여 무력으로 점령했다.

의화단운동을 진압한 열강 8개국은 1901년 9월, 청나라와 강화조약인 신축조약(辛丑條約)을 체결했다. 청나라가 열강 8개국에게 거액의 배상금을 지급하는 한편, 이들 나라들이 청나라에 군대를 주둔시키는 것을 허락한다는 내용이었다. 이 사건으로 청나라의 반식민지 상태

---

9) 조차지(租借地): 한 나라가 다른 나라로부터 빌려 통치하는 영토. 영토권은 빌려 준 나라에 속하지만, 통치권은 빌린 나라에 속한다.
10) 열강 8개국: 러시아, 일본, 영국, 프랑스, 미국, 독일, 이탈리아, 오스트리아

는 더욱 심화되었으며, 엉뚱하게도 그 불똥이 조선에까지 튀게 된다.

만주를 점령한 러시아는 1903년, 평안북도 용천군 압록강 하구에 있는 용암포(龍巖浦)를 강제로 점령하여 조차지(租借地)로 만들었다. 만주는 물론 조선까지 손에 넣겠다는 야욕이었다.

만주와 조선을 둘러싼 일본과 러시아의 대립은 무력 충돌을 향해 치달았다. 한반도에는 다시금 전운(戰雲)이 몰려오고 있었다.

러일전쟁과 시골 소년

1904년 2월 8일 밤, 일본군이 선전포고도 없이 요동반도 여순 항에 정박해 있던 러시아 극동함대를 습격했다. 이어 2월 9일에는 인천 앞바다에 있던 러시아 군함 2척을 격침시키고 인천에 상륙했다. 러일전쟁(露日戰爭)이 발발한 것이다.

4월 말에 압록강을 넘은 일본군과 5월 초에 요동반도에 상륙한 일본군은 만주 각지에서 러시아군과 공방전을 벌였다. 1905년(을사년) 1월에 여순 항을 함락시킨 일본군은 그해 3월, 봉천(奉天: 현재의 심양)전투에서도 대승을 거두었다.

러일전쟁의 분수령은 대마도해전(對馬島海戰)이었다. 5월 27일과 28일, 도고 헤이하치로(東鄕平八郞) 제독이 지휘하는 일본 연합함대가 지구를 반 바퀴나 돌아온 러시아의 발틱 함대를 궤멸시킨 것이다.

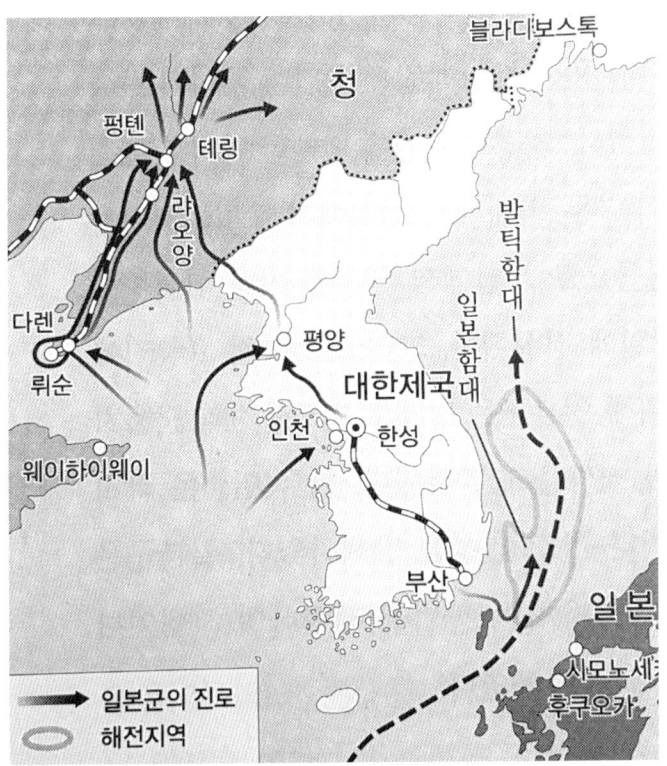

러일전쟁의 전개

　러일전쟁은 미국의 중재로 종결된다. 1905년 9월, 미국 포츠머스에서 일본과 러시아 간에 강화조약이 체결된 것이다. 러일전쟁의 결과 러시아는 동아시아에서의 패권 경쟁에서 완전히 밀려나게 되었다. 이로써 일본은 열강들로부터 한반도의 지배권을 인정받았으며, 만주와 중국대륙으로 진출하기 위한 교두보를 확보했다. 이제 일본은 본격적으로 식민지 침탈에 나서는 제국주의 열강의 일원이 된 것이다.

포츠머스 조약 직후인 11월에 대한제국과 일본은 을사보호조약(乙巳保護條約)을 체결했다. 말이 조약이지 일본이 강제로 밀어붙인 늑약(勒約)이었다. 그 내용은 일본이 대한제국의 외교권을 가지며, 외교에 관한 사항을 관리하기 위해 한성에 통감부(統監府)를 설치한다는 것이었다. 이로써 대한제국은 일본정부를 거치지 않고는 다른 나라와 조약을 맺을 수 없는 껍질뿐인 나라가 되고 말았다. 명목상으로는 일본의 보호국이었지만, 사실상의 식민지로 전락하고 만 것이다.

러일전쟁은 14세의 시골 소년 이응준에게도 지대한 영향을 미쳤다. 1904년 봄, 평안남도 진남포(鎭南浦)에 상륙한 일본군이 압록강을 건너 만주로 출병하기 위해 안주(安州)읍을 통과했다고 한다. 일본군은 수삼 일씩 안주에 머물렀다가 가곤 했는데, 상점 점원으로 일했던 이응준은 그들과 접할 기회가 많았다고 한다.

비록 일본어는 몰랐지만 한자를 배운 이응준은 필담(筆談)으로 의사소통을 할 수 있었다. 이때 일본군 사병들로부터 상당한 문화적 충격을 받았던 모양이다.

> 그들은 일거일동이 규칙적이고 약속을 지킬 줄 알며 청결을 좋아할 뿐 아니라 문자도 다 아는 사병들이었다. 병정(兵丁) 중의 한 사람은 '일출로락(日出露落)'[11]이라고 써 보이며 일본이 러시아를 이

---

11) 해가 뜨면 이슬이 떨어진다는 뜻. 해(日)는 일본, 이슬(露)은 러시아를 은유하는 표현이다. 당시 사람들은 러시아를 한자의 음을 빌려 노서아(露西亞)라고 불렀다.

길 것이라고 예언하였다.[12]

당시 조선 백성의 대부분은 글(한자)을 읽지 못하는 문맹(文盲)이었다. 그런데 일본군은 말단 졸병들까지도 글을 알고 있으니 놀라운 일이 아닐 수 없었을 것이다. 게다가 오합지졸에 가까운 구식군대만 봐왔던 이응준이 처음으로 목도하게 된 근대식 군대는 충격 그 자체였을 것으로 생각된다.

일본군이 처음 모습을 나타낸 지 얼마 지나지 않아 안주에 일본군 병참부(兵站部)가 설치되었다고 한다. 연일 수많은 병력과 군수품이 안주를 거쳐 압록강 쪽으로 이동했고, 주민들은 전란의 두려움에 하나 둘씩 안주를 떠나기 시작했다. 결국 이응준도 고향으로 돌아갈 수밖에 없었다고 한다.

고향으로 돌아온 이응준은 집안일을 돕기 위해 밭에 나가 김을 매고, 산에 올라가 나무를 하고, 강변에 나가 소에게 먹일 풀을 베었다. 하지만 죽도록 일해 봐야 궁핍만 더해기는 당시의 농촌 실정이 만족스러울 수 없었다.

그해 여름, 러시아 정진기병부대(挺進騎兵部隊)가 평안북도 초산(楚山) 쪽으로 압록강을 건너와 안주에 있는 일본군 병참부를 습격했다고 한다.

과문(寡聞)한 탓에 지금까지 나는 러일전쟁의 싸움터가 만주와 요동 지역이라고만 알고 있었다. 그런데 러시아군이 평안남도 안주까지 내

---

12) 이응준, 「회고 90년」, P. 33.

려와 일본군을 습격했다니. 나는 이응준의 회고록을 통해 몰랐던 사실을 접하고 적잖이 놀랐다. 청일전쟁 때도 그랬듯이 러일전쟁 때도 다른 나라 군인들이 우리 땅에서, 게다가 우리나라를 서로 차지하겠다고 싸웠다는 그 사실에 다시 한 번 자괴감(自愧感)이 몰려들었다.

1904년 어느 여름날 아침, 이응준은 조선인 길잡이를 앞세운 러시아 기병부대가 마을 앞을 지나 안주로 진격하는 장면을 직접 보았다고 한다. 얼마 후 총소리가 들려왔고, 러시아군과 일본군 간의 격전은 해질 무렵까지 계속되었다고 한다. 전투는 일본군의 승리로 끝났다. 안주 남쪽 숙천(肅川)에서 출동한 일본군 증원부대가 러시아군의 배후를 공격했고, 결국 러시아 기병부대는 수많은 사상자를 남겨놓은 채 퇴각하고 만 것이다.

다음 날 아침, 이응준은 동네 친구들과 함께 전투현장을 찾아갔다. 그는 전투를 목격한 사람들로부터 목격담을 듣고, 현장에 남겨진 탄피를 주어 왔다고 한다. 호기심이 왕성한 십대 소년 이응준의 모습에서, 그 또래 때 천방지축이었던 내 모습이 생각나 피식 웃음이 나온다.

일본은 오래 전부터 러일전쟁을 준비했던 것으로 보인다. 전쟁 개시와 함께 만주지역으로 군수물자를 실어 나르기 위해 철도를 부설한 점에서도 그 치밀함을 엿볼 수가 있다. 1904년 2월 21일, 일본은 임시군용철도감부(臨時軍用鐵道監府)를 설치하고, 서울~신의주 간 군용철도를 부설하기 시작했다.

그 철도가 바로 경의선(京義線)이다. 1904년 3월에 서울~개성 구간의 노반공사가 착수되었으며, 1905년에 평양~신의주 구간이 완공되었고, 1906년 4월에 서울~신의주간 전 구간이 완전히 개통됐다.

1905년 봄, 안주에도 철도가 지나가게 됐다. 안주읍 남쪽으로 4㎞쯤 떨어진 곳에 신안주역(新安州驛)이 들어선 것이다. 고작해야 소달구지나 타고 다녔던 조선 사람들에게 화차(火車: 기차)는 그야말로 경악 그 자체였다. 화차가 어떻게 생겼는지 보겠다는 구경꾼들이 신안주역 일대에 인산인해를 이루었다.

이응준 또한 예외는 아니었다. 신안주역의 등장은 이응준의 가슴에 큰 파장을 몰고 왔다. 비록 규모가 작기는 했지만 도시 물을 먹어봤고, 근대화된 일본군과 러시아군을 접한데 이어 문명의 이기인 화차까지 보게 된 시골 소년의 가슴에는 미지의 세상에 대한 동경과 상상이 가득 차게 되었다.

'세상은 얼마나 넓은 것인가?', '도대체 바깥세상에서는 무슨 일들이 벌어지고 있는 것일까?' 갖가지 상념 때문에 잠을 이루지 못하는 날이 부지기수였다. 생각하고 또 생각해봐도 '장부로 태어나 향촌(鄕村) 벽지에서 일생을 보낸다는 것은 무의미하다.'는 생각이 들었다. 이응준은 미칠 것 같았다. 장고(長考) 끝에 그가 내린 결론은 '서울(한성)로 가자.'였다.

가출과 무작정 상경

1906년 4월, 마침내 이응준이 가출을 단행했다. 그때 나이 16세로 지금으로 치면 고등학교 1학년 나이었다. 수중에 가진 돈은 장롱에서 몰래 꺼내온 50전짜리 은화(銀貨) 7매가 전부였다. 하루 종일 70여 리를 걸어 숙천에 도착한 이응준은 허름한 여숙(旅宿)에서 가출 첫날밤을 보냈다.

다음 날 늦은 밤에 평양에 도착한 이응준은 그곳에서 사흘 동안 머무르며 이곳저곳 구경을 다녔다. 고구려의 옛 도읍이며, 조선에서 두 번째로 큰 대도시 평양이 그에게는 경이로웠던 모양이다. 가출을 한 사람들이 집을 나서면 목표로 정한 곳을 향해 서두르는 것이 보통이다. 그런데 사흘 동안이나 여유롭게 구경을 다닌 것을 보면 타고난 배포가 보통은 아닌 것으로 생각된다.

집을 나선지 나흘 만에 이응준에게 위기가 찾아왔다. 집 떠나면 가장 간절한 것이 돈이다. 이동은 걸어서 하고, 식사는 하루에 한 끼로 때우면서 돈을 아꼈지만, 잠자리만큼은 어떻게 해볼 도리가 없었다. 나흘 동안 여숙에서 지내다보니 수중에 있던 돈이 거의 떨어지고 말았다.

이응준은 남은 돈을 털어 대동강에서 진남포를 오가는 화륜선(火輪船: 기선)의 표를 샀다. 진남포에서 배를 타고 인천으로 갈 심산이었다. '일단 진남포에 가면 어떻게든 되겠지.' 하는 생각이었다고 한다. 그런데 신기하게도 여기서부터 행운이 계속된다.

진남포에 도착하자마자 이응준은 진남포-인천 구간 여객화물선회사의 사장실을 찾아갔다. 사장은 일본인이었다. 예전에 일본 군인들과 필담을 나눴던 경험을 살려, 자신의 처지를 한자로 적어 사장에게 무임승선을 간청했다. 반응은 당연히 냉담했다.

이응준은 넉살 하나는 타고한 사람이었던 것으로 보인다. 사장 집을 찾아가 뜰을 쓸기도 하고, 장작을 패기도 하면서 집안일을 거들었던 것이다. 처음에는 어리둥절해하던 사장의 아내가 어린 소년이 안쓰러워 남편에게 부탁을 했는지, 며칠 후 이응준은 바라던 배표를 손에 쥘 수 있었다.

여객화물선에 올라 여기저기 둘러보던 이응준의 눈에 30세 내외쯤으로 보이는 한 청년이 유독 눈에 들어왔다. 승선한 사람 대부분이 한복을 입고 있는데, 그 사람만이 양복차림을 하고 있었기 때문이었다. 한눈에도 배경 있는 가문의 사람으로 보였다.

선실에서 하룻밤을 보내고, 이튿날 아침 갑판위로 올라간 이응준이 바다를 바라보며 상념에 잠겨있을 때 누군가가 말을 걸어왔다.

"무슨 생각을 그렇게 하고 있나?"

놀랍게도 어제 인상 깊게 보았던 그 청년 신사였다. 그 청년의 이름은 노창연(盧昌淵)으로 한성에 사는 숙부(叔父) 댁에 가는 길이라고 했다. 이응준은 스스럼없이 "넓은 세상을 알고 싶어 한성으로 가고 있지만, 막상 몸을 의탁할 곳이 없어 고민하고 있었습니다."고 털어놓았다.

이응준에게 이것저것 물어보던 청년 신사가 뜻밖의 제안을 해왔다.

"한성에 아는 사람이 없다, 이 말이지. 그렇다면 나를 따라올 텐가?"

그야말로 어두운 밤에 등불을 만난 격이었다. 염치불구하고 이응준이 곧바로 대답했다.

"예, 그렇게 해주시면 정말 감사하겠습니다."

그날 오후, 인천항에 내린 노창연과 이응준은 경인선 열차를 탔다. 수중에 지닌 돈이 한 푼도 없었으니 열차표는 노창연이 사준 것으로 생각된다. 서대문역(西大門驛)[13]에 도착한 노창연과 이응준은 다시 전차(電車)에 올랐다.

이 대목에서 나는 아주 깜짝 놀랐다. 당시 화차나 화륜선이 있었다는 것은 익히 알고 있었지만, 1906년에 한성에 전차가 다녔다는 것이 너무나도 놀라운 사실이었던 것이다. 당시 일본의 국력이 이 정도로 앞서있었다니, 조선의 위정자들은 도대체 무엇을 하고 있었는가 하는 서글픔이 몰려왔다.

---

13) 서대문역: 지금은 사라지고 없지만, 당시 경인선의 종착역은 현재의 이화여자외국어고등학교 정문 부근인 서대문역이었다.

인생의 변곡점, 이갑 참령

노창연이 이응준을 데리고 간 곳은 창덕궁(昌德宮) 서편 원동(苑洞: 현재의 종로구 원서동) 입구에 자리 잡고 있는 큼직한 저택으로 자신의 숙부 집이라고 했다. 긴 칼을 찬 무관들이 분주히 드나드는 것이 인상적이었다. 노창연은 이응준이 그 집의 사랑방에서 지낼 수 있도록 배려해주었다.

그 집에는 이응준 말고도 십 수 명의 식객(食客)[14]이 머물고 있었다. 그 집은 대한제국 육군 부령(副領: 중령) 노백린(盧伯麟)의 저택이었다. 노백린은 황해도 송화(松禾) 출신으로 일본 육군사관학교(11기)를 졸업한 명망 있는 무관이었다.

노백린의 집에서 묵은 지 십여 일이 지나자, 이응준은 초조해졌다. 아무런 대책 없이 언제까지나 남의 집에서 밥을 축낼 수는 없었다. 이응준은 혹시나 하는 마음에서 한성에 살고 있는 고향 출신 인사를 수소문하기 시작했다. 그러던 어느 날, 안주 출신의 김의관(金議官)이라

---

14) 식객(食客): 예전에 세력 있는 사람의 집에 얹혀 지내던 사람들을 일컫는 말

는 사람이 청계천 부근 장교동(長橋洞)에서 큰 규모의 객주(客主) 집을 운영하고 있다는 반가운 소식을 듣게 된다.

다음 날, 이응준은 김의관을 찾아갔다. 우선 넙죽 절부터 올린 후, 자신이 안주 사람임을 밝히고 도움을 청했다. 이응준이 동향(同鄉) 사람이라는 점에 마음이 흔들렸는지, 아니면 이응준의 넉살이 마음에 들었던 것인지, 김의관이 선뜻 도움의 손을 내밀었다.

"당분간 내 집에 머물면서 서서히 앞날의 일을 생각해보게."

객주는 지방에서 올라온 상인들의 물건을 대신 팔아주고 수수료를 받는 일종의 위탁매매인(委託賣買人)이었다. 또한 지방 상인들이 잠을 잘 수 있는 여관도 겸했고, 그들의 물품을 보관하는 창고도 보유하고 있었으며, 때로는 운송도 하는 독특한 형태의 중간상인이었다.

김의관이 운영하는 객주 집은 전국에서 올라온 상인들로 날마다 북적북적했다. 이응준은 그곳에서 먹고 자며 허드렛일을 도왔다. 일단 일자리를 확보한 셈이다. 워낙 들고나는 사람들이 많다보니 하루하루가 바쁘게 지나갔다. 그렇게 한 달 정도 지났을까, 김의관이 돌연 이응준을 불렀다.

"우리 고객 중에 이갑(李甲) 참령(叅領: 소령)이라는 분이 있는데, 육군 대신의 부관(副官)을 맡고 있는 명망 있는 분이시다. 그런데 그분이 너를 자기 집에 데리고 가고 싶다고 해서 이렇게 불렀다."

이갑이란 사람은 이응준도 잘 알고 있었다. 객주 집에 출입하는 사람들 중에서 가장 이응준의 관심을 끌었던 인물이기 때문이었다. 키는 작은 편이지만, 언어와 행동이 자못 침착하여 한눈에도 범상치 않은 기운을 내뿜는 사람이었다. 게다가 화려한 군복 차림에 긴 군도를 차고 다녀 이응준에게는 선망의 대상이었다. 하지만 이갑이라는 사람이 한성의 유명인사라는 사실까지는 이응준은 아직 알지 못했다.

그동안 이갑은 객주에 올 때마다 이응준을 불러 이것저것 질문을 하곤 했었다. 그럴 때마다 '저분이 혹시 나한테 관심이 있나?' 했었는데, 자신을 집으로 데려가겠다고 했다니 놀랍고 당황스러운 일이 아닐 수 없었다. 어안이 벙벙하여 이응준이 대답을 못하자, 김의관이 말을 이었다.

"내 생각에는 네 장래를 위해서도 가는 편이 좋을 것 같다."

마다할 이유가 없었다. 하늘이 돕지 않고서야 이런 행운이 어떻게 찾아왔겠는가. 이응준은 대답했다.

"가겠습니다, 가고말고요."

이응준은 가출 이후 이갑 참령의 집으로 갈 때까지의 상황을 "운이 좋았다."고 그의 회고록에 적고 있다. 하지만 내 생각은 조금 다르다. 노창연부터 김의관, 그리고 이갑에 이르기까지 그들은 왜 약속이라도 한 듯이 생면부지의 시골 소년에게 관심을 가지고 도와주려고 했을까?

그들은 이응준의 재능을 아꼈던 것이다. 처음에는 그저 초라한 행색을 한 시골 소년이구나 싶었는데, 입을 열었다하면 공맹(孔孟)의 도(道)를 논하고, 소동파(蘇東坡)의 명문(名文)을 토해내니 어찌 놀라지 않았으랴. 당연히 아까운 인재라고 느꼈을 것이고, 도와주고 싶었을 것이다.

  그렇게 봤을 때, 이응준의 진정한 은인은 곽 초시가 아닌가 하는 생각이 든다. 곽 초시에게 배운 한학 덕분에 인생에 한 번 찾아올까말까 한 절호의 기회를 잡은 것이 아닌가 하는 생각이 드는 것이다.

풍운아 이갑

이갑(李甲)은 1877년 6월 22일(음력 5월 12일), 평안남도 숙천군(肅川郡) 서해면(西海面) 사산리(蛇山里)의 지방유지인 이응오(李膺五)의 4남2녀 중 3남으로 태어났다. 이갑이라는 이름은 일본 유학시절에 개명한 이름으로 본명은 휘선(彙璿)이고, 아호는 추정(秋汀)이다.

어릴 때부터 영민하여 수재 소리를 들었던 이갑은 11세 때인 1888년, 진사시(進士試)에 급제하여 소년 진사가 되는 영예를 안게 된다. 하지만 이갑의 가문은 과거급제라는 경사로 인해 오히려 몰락의 길을 걷게 된다.

이갑이 응시한 과거는 3년에 한 번씩 정기적으로 실시한 식년시(式年試)가 아니라, 고종이 왕세자(후일의 순종)와 동갑인 소년들에게 은전(恩典)을 베풀기 위해 실시한 특별 시험이었다. 왕세자가 갑술년(甲戌年)에 태어났기 때문에 이때 실시된 과거의 이름을 갑술과(甲戌科)라고 했고, 갑술생(甲戌生)만이 과거에 응시할 수 있었다. 하지만 이갑은 그보다 세 살 어린 정축생(丁丑生)이었다. 한마디로 1874년 개띠들만 볼 수 있는 시험에 1877년 소띠가 나이를 속이고 응시했던 것이다. 아들 중에서 가장 똑똑한 이갑을 자랑스러워했던 아버지 이응오가 시킨 일이었다.

이갑 참령

당시 조선에서는 이갑처럼 나이를 속이고 과거에 응시하는 일이 드문 일이 아니었던 것으로 보인다. 가문의 명예를 드높이기 위해 범죄인 줄 알면서도 그렇게 했던 모양인데, 지방의 수령들은 그 점을 이용하여 자신의 배를 불렸다고 한다. 나이를 속이고 진사시에 급제한 '모년(冒年: 나이를 속임)진사'들의 아버지나 할아버지를 잡아들여, 갖은 공갈과 협박을 가해 막대한 재산을 수탈한 후 석방했던 것이다.

당시 평안도를 관할하는 평안감사(平安監司)는 민 씨 척족세력의 거두이며 정계의 거물인 민영준(閔泳駿)이었다. 조선말 대부분의 지방수령들이 그랬던 것처럼 민영준도 백성을 수탈하는 탐관오리였다.

이갑이 '모년진사'라는 사실을 알게 된 민영준은 이응오를 잡아들여 온갖 악형(惡刑)을 가했다. 민영준은 약 20만평에 달하는 농토를 빼앗은 후에야 이응오를 풀어주었다. 이 때문에 집안이 하루아침에 몰락했고, 이응오는 고문 후유증과 화병으로 병석에 눕게 된다.

이듬해인 1889년, 이갑은 세 살 연상의 차숙경(車淑卿)과 혼례식을 올리고 가정을 꾸리지만, 자신의 가문에 몰락을 가져온 민영준에 대한 복수심 때문에 수년 동안 방황하게 된다. 그의 가슴속에서 끓어올랐던 분노는 민영준 한 사람에게만 국한된 것이 아니었다. 사라진 정의와 부패한 사회에 대한 분노였다. 생각을 거듭한 끝에, 이갑은 부패한 사회를 개혁하는 일에 자신의 삶을 바치기로 다짐했다. 하지만 평안도의 촌구석에서는 자신의 포부를 펼칠 수가 없었다. 보다 넓은 세상으로 나가야 했다.

1896년, 19세의 청년 이갑이 무작정 상경을 단행했다. 1896년은 개화자강(開化自强) 운동이 크게 일어났던 해였다. 갑신정변 때 미국으로 피신하였다가 돌아온 서재필(徐載弼)이 그해 7월에 독립협회(獨立協會)를 창립하고, 독립신문을 발간하는 등 민중계몽운동을 활발하게 시작한 해였던 것이다.

　독립협회는 정부에 의해 활동이 금지되는 1898년 12월까지 자주 독립과 자유 민권, 자강 개혁 등을 추구한 최초의 사회정치단체였다. 독립협회는 특히 만민공동회(萬民共同會)라는 대중 집회를 개최하여 민중의 정치 참여를 유도했다.

　독립협회의 활동이야말로 자신이 하고자 했던 일이라고 생각한 이갑은 독립협회의 회원으로 가입했다. 이갑은 누구보다도 열심히 독립협회 활동에 전념했다. 하지만 정부에 의해 독립협회가 해산되자 이갑은 일본 유학을 결심하게 된다. 새로운 지식과 문명을 배우는 길만이 나라를 살리는 첩경이라고 판단했던 것이다.

　1899년, 일본의 수도 도쿄(東京)로 건너가 무엇을 배워야 하나 숙고하던 이갑은 일본 육군사관학교에 진학하기로 마음을 굳혔다. 국가를 보존하기 위해서는 무엇보다도 강력한 군사력이 필요하다고 생각했던 것이다. 이갑은 일본 육사에 진학하기 위해 거쳐야 하는 예비학교 중 하나인 세이조학교(成城學校)에 입학했다. 세이조학교를 마친 이갑은 1902년 12월 1일, 마침내 일본 육사 15기생으로 입학하게 된다. 그의 나이 25세 때였다.

세이조학교 시절의 이갑(뒷줄 중앙). 앞줄 왼쪽으로부터 ②김기원 ③박두영 ④박영철 ⑤ 유동열

일본 육군사관학교에 유학한 조선인들

박영효

　조선 말엽, 일본 육사에 유학한 조선인들은 얼마나 될까? 그 계보를 간략하게 살펴본다. 19세기 말, 고종은 "일본의 선진 문물을 배워야 한다."는 개화당(開化黨) 박영효(朴泳孝)의 건의를 받아들여 조선 청년들을 일본에 유학 보냈다. 그 중에는 군사학을 배운 청년들도 있었는데, 일본 육사에서 교육받은 생도 1호는 박유굉(朴裕宏)이라는 인물이었다.

1882년 9월, 조선정부는 박영효를 일본에 수신사(修身使)로 파견했다. '임오군란' 때 살해당한 일본인들에 대한 사과의 뜻을 표하기 위해서였다. 이때 박영효는 김옥균(金玉均), 서광범(徐光範) 등 수행원들뿐만 아니라 10여 명의 유학생도 데려갔는데, 당시 16세였던 박유굉도 그중의 한 명이었다.

일본에는 이미 십 수 명의 유학생들이 영어·화학·양잠·군사학 등 신학문을 배우고 있었다. 박유굉은 군사학을 지망했다. 1882년 12월, '케이오의숙(慶應義塾)'에 들어가 일본어를 공부한 박유굉은 다음해인 1883년 1월에 일본 육사 유년생도(幼年生徒) 과정에 입교했다.

1884년 12월, 박영효를 비롯한 개화파들이 갑신정변(甲申政變)을 일으켰다. 하지만 갑신정변이 3일 만에 실패로 돌아가자 주동자였던 박영효와 김옥균은 일본으로 망명을 했고, 국내에 남은 개화파들은 모두 붙잡혀 처형을 당했다.

불똥은 일본의 조선인 유학생들에게까지 튀었다. 유학생들에게 귀국명령이 떨어진 것이다. 하지만 귀국하게 되면 개화파로 몰려 처벌받을 것을 두려워한 유학생들은 대부분 귀국명령에 응하지 않았다. 20여 명의 유학생 중 귀국에 응한 사람은 단지 3명뿐이었다. 박유굉도 귀국명령을 거부하고 일본에 남았다.

1886년 8월, 유년생도 과정을 마친 박유굉은 일본 육사에 사관생도

11기로 입교를 했다.(11기 다음 기수는 일본 육사의 관제 개편으로 사관후보생 1기가 된다.) 하지만 불투명한 미래에 대한 불안감과 생활고에 시달리던 박유굉은 1888년 5월, 22세의 젊은 나이에 스스로 목숨을 끊고 말았다.

1894년, 일본이 청일전쟁에서 승리하게 되자 일본에 망명 중이던 박영효 등 친일정객들이 귀국하여 다시 실권을 장악했다. 1896년 1월, 이희두(李熙斗) 부위(副尉: 중위) 등 11명이 일본 육사에 입교했다. 그러나 그해 2월, 고종과 왕세자가 경복궁을 떠나 러시아공사관으로 옮겨가는 아관파천(俄館播遷) 사건이 발생했다.

아관파천의 여파로 친러(親露)정부가 들어섰고, 친일정객들은 다시 일본으로 망명의 길을 떠나야 했다. 그 결과 그해 7월, 정부는 일본 육사에 유학했던 11명에게 소환명령을 내렸다.

일본 육사의 첫 졸업기수는 1898년 12월부터 1899년 11월까지 1년 동안 유학한 사관후보생 11기로 노백린(盧伯麟), 어담(魚潭), 김희선(金羲善), 김형섭(金亨燮) 등 21명이었다.

이어 1902년 12월에 이갑(李甲), 유동열(柳東悅), 김기원(金基元), 김영헌(金永憲), 김응선(金應善), 남기창(南基昌), 박두영(朴斗榮), 박영철(朴榮喆) 8명이 15기로 입학을 하여 1903년 11월에 졸업한다.

그 후 23기(1909년 12월~1911년 5월)로 한 사람이 유학을 하는데, 진짜 김일성 장군으로 알려진 독립운동가 김광서(金光瑞: 후일 김경천으로 개명)가 그 사람이다.

팔형제배와 효충회

　이갑을 비롯한 15기생 8명은 일본육사 유학 기수 중 가장 각광을 받은 기수였다. 이들 8명은 1903년 11월에 육사를 졸업한 후 도쿄 근위사단에 견습사관(見習士官)으로 배속됐다.

　1904년 2월, 일본이 러일전쟁을 일으키면서 근위사단이 조선으로 이동을 할 때, 이들 8명도 전쟁 견학차 일본군과 함께 귀국했다. 고종황제는 3월 12일, 8명 전원을 참위(參尉: 소위)로 임관을 시키는 한편, 원수부(元帥府) 관전장교(觀戰將校)라는 직함까지 부여하며 자유롭게 전쟁 상황을 시찰할 수 있도록 허락했다. 만주까지 따리기 전선을 시찰하고, 그해 8월에 귀환한 이들은 고종황제의 총애를 한 몸에 받으며 출세가도를 달리게 된다.

　러일전쟁에 종군하며 생사고락을 함께한 이들 8명은 다른 육사 기수에 비해 유달리 단결의식이 강했고 우애가 깊었다. 그런 까닭에 세간에서는 이들을 '팔형제배(八兄弟輩)'라고 불렀다. 특히 같은 평안도 출신이었던 이갑(평안남도 숙천)과 유동열(평안북도 박천)의 우정은 친형제나

다름없을 정도였다.

8형제배가 장교로 임관하던 당시 대한제국의 군대는 군대라고 말하기가 부끄러울 정도의 상황에 처해있었다. 대한제국군은 나라를 지키고 외침(外侵)에 대비하는 군대가 아니라, 간신히 명맥만을 유지하고 있는 군대였다. 이에 8형제배는 효충회(效忠會)를 조직하고 정기적인 모임을 가졌다.

이들은 주로 이갑의 집에 모여 크게는 동양의 정세와 나라의 앞날에 대해 의논하고, 작게는 자신들의 거취와 진로를 상의했다. 군대를 장악하여 유명무실한 군대를 힘 있는 군대로 만드는 한편, 인재들을 양성하여 근대적인 국가를 만드는 것이 이들의 목표였다.

1904년, 이갑의 집에 모인 팔형제배와 가족들. 뒷줄 좌로부터 김응선, 유동열, 남기창, 박두영, 박영철, 김기원, 김영헌, 이갑. 앞에 있는 여인이 이갑의 부인 차숙경, 그 앞이 외동딸 이정희.

이갑 참위의 첫 보직은 무관학교 교관이었다. 얼마 후 부위(副尉: 중위)로 승진한 이갑은 그해 겨울, 과거 자신의 가문에 몰락을 가져왔던 민영준을 찾아가 담판을 벌이게 된다. 단순히 복수를 하려는 것이 아니라, 지난 날 빼앗겼던 재산을 되찾아 교육 사업을 벌이기 위해서였다.

1904년 12월의 어느 날 새벽, 군복을 단정하게 차려입은 이갑이 민영준의 저택을 방문했다. 당시 권력의 핵심부에서 밀려난 민영준은 시종관경(侍從官卿)이라는 한직을 맡고 있었지만, 정1품 보국숭록대부(輔國崇祿大夫)의 신분을 지닌 정계의 거물이었다.

민영준은 뜻밖에 찾아온 청년 장교 이갑을 의아한 눈으로 바라보았다. 이갑은 끓어오르는 분노를 참으며 민영준에게 공손하게 절을 했다. 먼저 노인에 대한 예를 갖추는 것이 순서라고 생각한 것이다. 이갑이 입을 열었다.

"대감께서는 저를 알아보시겠습니까?"

"내가 그대를 어떻게 알겠소?" 하며 이갑의 얼굴을 유심히 살피던 민영준의 표정이 한순간 움찔했다. 무언가 짚이는 것이 있는 듯했다.

"대감께서 평안감사 시절에 빼앗은 우리 집 전답을 도로 찾으려고 왔습니다."

민영준이 시치미를 떼었다.

"허허, 그건 오해야. 그 땅으로 말하면 내가 돈을 주고 산 땅이야. 젊은이가 너무 어릴 적의 일이라 잘 모르는 모양인데, 그건 오해야."

변명에 급급한 민영준을 바라보던 이갑이 품속에서 토지 문권(文券)

을 꺼내 그의 눈앞에 들이밀었다.

"문권이 이렇게 제 손에 있는데도 그런 말을 하시는 겁니까?"

그러자 민영준이 얼굴을 붉히며 화를 벌컥 냈다.

"서북(西北: 황해도, 평안도, 함경도) 놈들은 어쩔 수가 없어. 또 정과(停科)[15]를 시켜야 정신을 차리겠군."

이 말을 듣는 순간 공손함을 유지하던 이갑의 태도가 돌변했다. 허리에 차고 있던 군도를 빼어든 이갑이 대갈일성(大喝一聲)했다.

"대감의 배에는 칼이 안 들어가는지 한 번 보시겠소?"

이갑의 기세에 혼비백산한 민영준이 황급히 방을 빠져나갔다. 이갑은 뒤를 쫓지 않고 그날은 일단 집으로 돌아왔다. 이갑은 민영준의 집에 출입이 잦은 김달하(金達河)와 백인기(白寅基) 두 사람을 만나 중재를 부탁했다. 그리고 그들을 통해 세 가지의 요구를 제시했다.

첫째, 빼앗아간 토지를 돈으로 환산하여 반환할 것. 둘째, 그동안 토지에서 거둬들인 곡물 전량에 대한 돈과 이자를 상환할 것. 셋째, 속죄하는 뜻으로 국가와 민족을 위해 육영사업을 벌일 것 등이었다. 얼마 후 민영준으로부터 세 가지 조건을 모두 수용하겠다는 통보가 왔다.

이 사건으로 이갑은 '장안(長安)의 호랑이'라고 불리게 되었다. 소문은 입에서 입으로 전해져 일약 이갑은 전국적인 유명인사가 되었다. 이

---

15) 정과(停科): 얼마 동안 과거(科擧)를 보지 못하도록 하는 벌의 한 가지. 1888년, 이갑이 '모년진사'로 적발되었을 때 정과를 당한 것으로 보인다.

갑은 민영준에게서 회수한 거액을 사사로이 쓰지 않았다. 효충회 동지들의 활동비와 교육 사업의 자금으로 활용한 것이다.

비록 이갑에게 망신을 당하기는 했지만, 민영준 또한 거물 정객다운 도량을 보였다. 이갑의 인물됨과 애국심을 알게 된 민영준은 이후 이갑과 친교를 맺게 된다. 특히 민영준의 아들 민형식(閔衡植)은 이갑과 의기투합하여 함께 신민회 활동을 펼치게 된다.

또한 민영준은 육영사업을 하겠다는 이갑과의 약속을 지켰다. 민영휘(閔泳徽)로 이름을 바꾸고, 1906년 5월에 휘문의숙(徽文義塾: 현재의 휘문중·고등학교)을 설립하여 신학문 보급에 많은 공헌을 한 것이다. 휘문중·고등학교는 지금도 명문사립학교로서 수많은 인재를 배출하고 있다.

민족의 선각자, 이갑

1905년, 이갑은 정위(正尉: 대위)를 거쳐 참령(參領: 소령)으로 승진했다. 이갑과 8형제배는 군대의 요직에 배치되었다. 하지만 국운은 나날이 기울고 있었다. 러일전쟁에서 승리한 일본이 그해 11월, 을사늑약을 강제로 체결하여 대한제국의 외교권을 빼앗아버린 것이다. 이제 대한제국은 껍데기에 불과했다.

일본 육사 재학시절까지 이갑이 인식하고 있던 일본이라는 나라는 대한제국 근대화의 롤 모델, 혹은 미래의 동반자였던 것으로 보인다. 하지만 일본이 대한제국의 국권을 잠식해 들어오는 현실을 직시하게 된 이갑은 자주독립운동의 선봉에 서게 된다.

나라와 겨레를 살리는 길은 이제 교육밖에 남지 않았다고 생각한 이갑은 1905년 10월에 박은식(朴殷植)·정운복(鄭雲復) 등과 함께 서우학회(西友學會)를 결성하고, 다음 달에는 서우사범학교(西友師範學校: 현재의 광신정보산업고등학교)[16]를 건립했다. 서우학회는 이후 한북흥학회(漢

---

16) 광신정보산업고등학교(光新情報産業高等學校)는 현재 서울특별시 관악구 신림동에 위치하고 있다.

北興學會)를 통합하여 서북학회(西北學會)가 되는데, 서북학회는 애국계몽운동에서 중요한 역할을 하게 된다.

여담을 하나 얘기하자면, 나는 1976년 겨울에 동대문구 회기동에 위치했던 광신상업고등학교(광신정보산업고등학교의 전신)에서 연합고사를 치렀고, 그 결과 1977년 3월에 종로구 원서동에 위치했던 휘문고등학교(현재 강남구 대치동에 위치)에 진학했다. 알고 보니, 이갑이 세운 학교에서 고등학교 진학시험을 보았고, 민영휘가 설립한 학교에 배정되었던 것이다. 별일 아닌 것 같지만, 나로서는 참으로 신기한 일이다.

도산 안창호

1907년, 이갑은 평생 동지 한 사람을 만나게 된다. 도산(島山) 안창호(安昌浩)가 그 사람이다. 1878년, 평안남도 강서(江西)에서 출생한 안창호는 1897년에 독립협회에 가입하고 민중계몽운동에 뛰어든 열혈 청년이었다. 그는 약관의 나이에도 불구하고 거침없는 웅변으로 수많은 청중들에게 감동을 안겨준 명 연설가였다.

고향 강서에 한국 최초의 남녀공학인 점진학교(漸進學校)를 세우는 등 활발한 계몽활동을 펼치던 안창호는 1902년, 신학문을 배우기 위해 미국 유학길에 올랐다. 안창호는 공부를 하면서도 한인공동협회(韓人共同協會)를 만들고, 공립신보(共立新報)를 발간하는 등 동포들의 권익 보호에도 힘썼다. 그러던 중 조국에서 을사늑약이 체결되었다는 비보를 접하자, 독립운동을 전개하기 위해 다시 고국으로 돌아온 청년 선각자였다.

1907년 2월, 한성에 도착한 안창호가 이갑의 집을 찾아왔다. 당시 이갑의 집은 수많은 무관들과 애국지사들이 모여 구국의 방안을 논의하는 장소였으니, 안창호가 찾아온 것은 아주 자연스러운 일이었다. 안창호는 이갑과 처음 만나는 순간부터 의기투합했다. 이갑의 딸 이정희를 자신의 수양딸로 삼았을 정도였다. 이갑의 나이 30세, 안창호의 나이 29세 때였다.

> 평소에도 우리 집에는 각층(各層)의 사람들이 출입하고 있었다. 노소(老少)·빈부(貧富)·권천(權賤)할 것 없이 수시로 내왕했으며, 군인·

정치가·배일파(排日派)·친일파(親日派)까지 드나들었다. 거기에다 13도 사람치고 서울 출입을 하면서 시국에 대하여 발언한다 하는 사람은 누구나 거쳐 가는 것이 상례였다. 숙식하는 식객(食客)은 매일 그치지 않았으며, 어떤 사람에게는 학비를 대주고, 또 어떤 사람에게는 생활비를, 또 어떤 사람에게는 여비까지 대주었다.[17]

1907년 4월, 안창호와 이갑은 본격적으로 국권회복운동을 전개하기 위해 양기탁(梁起鐸), 전덕기(全德基), 이동휘(李東輝), 이동녕(李東寧), 유동열(柳東說)등과 함께 비밀결사 조직인 신민회(新民會)를 창립했다. 이들 7명의 창립위원들은 자신들의 영향력 아래에 있는 인사들을 신민회에 가입시켜 세력을 넓혀나갔고, 그 결과 1910년경에는 회원수가 800여 명에 달하는 전국적인 규모의 애국계몽단체로 성장하게 된다.

그해 6월, 네덜란드의 수도 헤이그에서 제2차 만국평화회의(萬國平和會議)가 열렸다. 이에 고종황제는 강제로 을사늑약을 체결하여 대한제국의 국권을 침탈하고 있는 일본의 만행을 전 세계에 호소하기 위해 이준(李儁)과 이상설(李相卨), 이위종(李瑋鐘) 세 사람을 밀사로 파견했다.

하지만 그것은 고종황제의 판단 착오였다. 만국평화회의는 영국, 독일 등 당시의 세계열강들이 모여 군비경쟁을 제한하여 전쟁을 방지하자는 목적에서 개최한 회의였을 뿐, 식민지나 약소국의 처지는 전혀 고려하지 않았기 때문에 '도둑들의 만찬'이라고 불린 회의였다.

---

17) 이정희, 「아버님 추정 이갑」, PP. 90-91.

열강들은 외교권이 없는 나라는 회의에 참석할 수 없다며 세 사람의 밀사가 회의장에 들어오는 것을 허용하지 않았다. 헤이그 밀사 파견은 그 목적을 달성하지 못했을 뿐만 아니라, 고종황제 자신이 퇴위(退位)되는 계기가 되었다. 조선통감 이토 히로부미(伊藤博文)가 총리대신 이완용(李完用)과 내각을 협박하여, 고종황제에게 양위(讓位)를 강요하게 한 것이다. 1907년 7월 20일, 결국 고종황제는 순종황제에게 제위를 물려주게 된다.

고종황제 퇴위 움직임을 알게 된 이갑은 분노했다. 이갑은 효충회 회원들을 긴급히 소집하여 대책을 수립했다. 회의 결과, 군대를 동원하여 대신들을 격살해서라도 황제 양위를 저지하기로 의견을 모았다. 하지만 정보가 새어나가, 이갑은 어담(魚潭) 부령, 이희두(李熙斗) 부령 등과 함께 육군법원 옥에 갇히고 만다.

고종황제를 제위에서 끌어내린 이토 히로부미는 순종황제에게 대한제국 군대의 해산을 강요했다. 7월 31일, 군대 해산을 명하는 순종황제의 조칙(詔勅)이 내려졌다. 8월 1일, 한성 동대문 훈련원을 시작으로 9월 3일까지 전국적으로 군대의 해산이 진행되었다. 황실(皇室)을 수호하는 소수의 병력만 남겨놓은 채 대한제국의 군대가 해산된 것이다.

8월 26일, 이갑은 감옥에서 석방되어 다시 참령으로 복직되었다. 일본은 이갑을 회유하여 친일파로 끌어들이려 하였다. 하지만 이갑은 미련 없이 군복을 벗고, 안창호와 함께 국권회복 운동에 전념했다.

고종과 순종

1909년 말, 이갑은 다시 옥고(獄苦)를 치르게 된다. 그해 10월 26일, 안중근(安重根) 의사가 하얼빈 역에서 조선침략의 원흉 이토 히로부미를 사살(射殺)했는데, 이때 일본 헌병에게 연행되어 두 달여 동안 옥살이를 한 것이다. 이갑뿐만이 아니었다. 안창호, 유동열, 이동휘 등 신민회 간부들도 연행되어 옥고를 치렀다. 안중근 의사의 배후로 지목되었던 것이다.

신민회 수뇌부는 국내에서는 더 이상 국권회복운동이 불가능하다는 판단을 내리게 된다. 1910년(경술년) 3월, 신민회 수뇌부는 '독립전쟁 전략'을 채택하고, 만주 일대에 무관학교와 독립군기지를 세우기로 결정했다. 청년들을 무관학교에 보내 사관훈련을 받게 하고, 군대를 만들어 일본과 전쟁을 해야 한다는 결론에 도달한 것이다.

1910년 4월, 이갑과 안창호, 유동열, 신채호(申采浩), 이종호(李鍾浩), 이종만(李鍾萬), 김지간(金志侃), 김희선(金羲善) 등이 은밀하게 망명길에 올랐다. 무사히 탈출하여 중국 청도(靑島)에 모인 이들은 이른바 '청도회의(靑島會議)'를 열고 구체적인 실행방안을 논의했다. 열띤 논의 끝에 만주 길림성(吉林省) 밀산현(密山縣)에 무관학교와 독립군기지를 설치하기로 합의를 본 신민회 인사들은 러시아 블라디보스토크로 향했다.

1910년 8월 29일, 대한제국이 결국은 일본의 식민지가 되고 말았다. 경술국치(庚戌國恥)를 당하고 만 것이다. 블라디보스토크에서 이 소식을 들은 신민회 인사들은 땅을 치며 대성통곡했다. 엎친 데 덮친 격으로 신민회의 계획에도 차질이 생겼다. 무관학교 설립 자금을 내기로 했던 이종호가 무슨 이유에선지 약속을 번복한 것이다.

　무관학교 설립 계획이 무산되자 신민회 인사들은 뿔뿔이 흩어졌다. 신채호는 중국으로, 평생 동지 안창호는 미국으로 망명하기로 하였고, 이갑은 당시의 러시아 수도인 상트페테르부르크로 가서 조선인 청년양성소를 설립하기로 방향을 잡았다. 하지만 상트페테르부르크에 도착한 이갑은 전신마비 증세로 쓰러지고 말았다.

　7년 동안 병마와 싸우면서도 끊임없이 자주독립의 희망을 놓지 않았던 이갑은 1917년 6월 13일, 망국의 한을 품은 채 러시아 니콜스크(현 우수리스크)에서 세상을 등지고 말았다. 향년 40세의 아까운 나이였다. 1962년, 대한민국 정부는 3·1절을 기해 이갑에게 '건국훈장 독립장'을 추서했다.

이갑의 식객이 되다

이응준이 이갑 참령의 뜻에 따르겠다고 의사를 밝힌 바로 다음 날, 이갑 참령이 김의관의 집으로 찾아왔다. 사람을 보내지 않고 자신이 직접 온 것이다. 파격적인 일이었다. 이응준 소년이 꽤 마음에 들었다는 반증이었다.

이갑의 집은 소립동(小笠洞: 현재의 종로구 관철동)에 위치하고 있었으며, 가족은 부인 차숙경(車淑卿)과 아홉 살 먹은 외동딸 이정희(李正熙, 1897년생)가 전부였다. 하지만 4~5명의 식객이 유숙(留宿)하고 있었으며, 찾아오는 손님들이 하도 많아 집안은 항상 시끌벅적했다. 이응준도 일종의 식객인 셈이었는데, 이갑의 생각은 그렇지 않았던 것으로 보인다. 이갑이 이응준에게 어떻게 대했는지는 이정희가 쓴 '아버님 추정 이갑'에서 엿볼 수 있다.

1906년에 열대여섯 살쯤 된 시골 총각이 우리 집에 오게 되었다. 이 때 아버님은 "이 아이는 우리 집에서 내 심부름만 시키며 공부

하게 하려 한다. 아무도 무엇을 시키지 말거라." 하고 말씀하셨다.
떠꺼머리 소년은 늘 밤늦게까지 글을 읽고 있다가 아버님이 돌아오시면 대문을 열고 맞이하는 일을 하였다. 이렇게 며칠 동안 심부름을 시키신 아버님은 그 소년이 무척 마음에 드신 모양이었다. 아버님은 그의 진실함과 총명한 태도를 더욱 아끼고 사랑하셨다.
식사를 하실 때나 주무실 때까지 늘 옆에 데리고 있었고, 어디를 다녀오실 때도 꼭 그 소년의 이름을 부르며 문을 열라고 하셨다. 아버님 말씀을 들으면 그 총각이 심히 영민하여 아무리 늦게 집에 도착해서 불러도 첫 마디에 대답을 하고 나온다는 칭찬 일색이었다.[18]

이갑은 왜 이응준에게 분에 넘치는 대접을 했을까? 미루어 짐작하건대, 이갑은 이응준을 양자(養子)로 생각했던 것 같다. 당시 29세였던 이갑의 슬하에는 외동딸 이정희뿐이었다. 조선시대 반가(班家)에서는 아들로 하여금 가문을 잇게 하는 것이 가장 중요한 일이었다. 이런 까닭에 아들이 없는 양반들은 조카들 중에서 영민한 자를 양자로 받아들여 핏줄을 이어나갔다.

앞에서도 살펴본 바 있듯이, 이갑은 무너져가는 조국을 살리기 위해 인재양성에 뛰어든 사람이었다. 그는 서우학회를 결성하고 서우사범학교를 설립하여 인재양성에 힘썼으며, 유능한 인재가 발견되면 서슴없이 장학금을 내놓았다.

---

18) 이정희, 「아버님 추정 이갑」, P. 92.

하지만 이응준의 경우는 단순히 인재를 기른다는 차원을 넘어선다는 느낌이 든다. 이후 이갑이 이응준에게 베푸는 은혜들을 살펴봤을 때, 너무나 과분하다는 생각이 들기 때문이다. 그런 까닭에 이응준을 양자로 생각하지 않았나 하는 짐작을 해보는 것이다.

이갑의 식객 중에 김형섭(金亨燮)이라는 사람이 있었다. 육군 정위(대위)인 김형섭은 일본 육사 11기 출신으로 이갑의 고향친구였다. 비록 기수로는 이갑보다 4기 선배였지만, 나이는 한 살 어렸다.

1899년 11월에 일본 육사를 졸업한 11기들은 모두 21명이었다. 졸업 후 일본의 각 사단에서 6개월 동안 견습사관(見習士官) 근무를 마친 11기들은 진퇴양난에 빠지고 만다. 1900년 7월, 본국 정부가 이들에게 참위(소위)로 임관한다는 사령장(辭令狀)을 보내기는 했지만, 구체적인 후속조치를 취하지 않은 것이다.

대한제국 정부는 이들에게 귀국 지시도 내리지 않았고, 봉급도 보내지 않았다. 친러(親露) 내각이 11기들을 친일파로 간주해 일본에 방치해버린 것이다. 11기들은 당장 먹고 자는 문제를 고민해야 하는 처지에 빠지고 말았다. 이들의 명단은 다음과 같다.

강용희(姜容熙), 권승록(權承祿), 권호선(權浩善), 김관현(金寬鉉), 김교선(金敎先), 김규복(金奎福), 김봉석(金鳳錫, 후일 相卨로 개명), 김성은(金成殷), 김형섭(金亨燮), 김홍남(金鴻南), 김홍진(金鴻鎭), 김희선(金羲善), 노백린(盧伯麟), 방영주(方泳柱), 어담(魚潭), 윤치성(尹

致晠), 이기옥(李基鈺), 임재덕(林在德), 장인근(張寅根), 장호익(張浩翼), 조택현(趙宅顯)[19]

　1900년 10월, 육사 11기들은 자신들의 처지를 정부에 탄원하기 위해 노백린, 어담, 임재덕, 윤치성, 김성은, 김규복 6명을 대표로 뽑아 귀국하게 했다. 하지만 군부의 수뇌들은 그들의 탄원에 귀를 기울이지 않았다. 실망한 여섯 사람은 뿔뿔이 흩어져 고향으로 돌아갔고, 그 중 김규복은 한성의 한 여숙에서 병사하고 말았다.

　도쿄에 남아 이제나저제나 좋은 소식이 오기만을 기다렸던 나머지 15명도 실망하기는 마찬가지였다. 이에 본국 정부를 원망하게 된 이들은 쿠데타를 모의하기 시작했고, 결국 장호익·조택현·권호선 등이 주동이 되어 혁명일심회(革命一心會)를 결성했다.

　귀국 후 군부에 침투하여 쿠데타의 기회를 엿보기로 방침을 세운 혁명일심회 회원들은 1901년 초를 시작으로 1902년 초까지 귀국을 완료했다. 하지만 내한제국 정부는 혁명일심회의 기밀을 이미 알고 있었고, 이들을 일망타진하기 위해 핵심인물들의 귀국을 기다리고 있던 상황이었다.

　혁명일심회의 귀국이 완료되자, 대한제국 정부는 즉시 핵심 인물 8명(장호익·조택현·권호선·김홍진·김형섭·김교선·김희선·방영주)을 국사범(國事犯)으로 체포했다. 8명의 회원들은 2년 동안 옥살이를 했다. 옥살이 도중

---

19) 이기동, 「비극의 군인들-일본육사출신의 역사」, P. 12.

권호선이 병사했다.

1904년 2월 8일, 일본군이 선전포고도 없이 요동반도 여순 항에 정박해 있던 러시아 극동함대를 습격하며 러일전쟁을 일으켰다. 2월 9일, 인천 앞바다에 있던 러시아 군함 2척을 격침시키고 인천에 상륙한 일본군은 순식간에 한성까지 장악했다.

상황이 이에 이르자 고종황제와 친러 내각은 공황에 빠졌다. 정부는 국사범들의 처형을 서둘렀다. 일본이 이들의 사면(赦免)을 요구할 것을 우려한 것이다. 1904년 3월 10일, 일심회 간부 7명에게 사형선고가 내려졌고, 바로 그날 처형이 집행됐다. 우선 장호익, 조택현, 김홍진 3명이 처형되었다.

일심회 회원들의 사형이 집행되고 있다는 소식을 들은 일본군 한국주차군사령부(韓國駐箚軍司令部)가 즉시 구명운동을 벌였다. 그 결과 김형섭과 김교선, 김희선, 방영주 네 사람은 아슬아슬하게 목숨을 건질 수 있었다. 며칠 후 네 사람은 종신유형(終身流刑)으로 감형되었다. 이들 네 사람은 전라도의 작은 섬들에 보내져 유배생활을 하다가 1년만인 1905년 5월에 사면되었고, 그해 10월에 참위(소위)로 복직되었다.

복직 후 한성으로 올라온 김형섭은 고향친구인 이갑의 집에서 유숙하였는데, 1906년 6월에 부위(중위), 한 달 후인 7월에 정위(대위)로 승진하게 된다. 김형섭 또한 이갑에 못지않게 풍운의 세월을 겪은 인물이었던 것이다.

떠꺼머리 시골 소년 이응준이 이갑의 집에 오게 되자, 김형섭은 심심

파적삼아 소년에게 초급 수학(數學)을 가르치기 시작했다. 참으로 이응준은 운이 좋은 사람이었다. 소년 시절(1895년)에 일본에 유학하여 케이오의숙(慶應義塾)과 육사에서 신학문을 배운 지식인에게 가르침을 받는다는 것이 어찌 보통 일이겠는가.

김형섭은 3개월 동안 거의 매일 밤, 이응준에게 수학을 가르쳤다. 이응준의 총명함과 배우겠다는 열의가 기특하여 열성적으로 가르쳤던 것으로 생각된다. "속성으로 요점만 배우게 되었는데, 불과 3개월 미만에 가감승제(加減乘除)와 사칙(四則)의 원리를 해득하게 된 것만도 다행스러운 일이었다." 이응준의 회고다.

당시 이응준 소년의 심정은 어떠했을까? 한편으로는 찾아온 행운에 감지덕지하면서, 또 한편으로는 그 행운이 한순간에 날아가 버릴지도 모른다는 불안감에 매사에 신중하고 조신했으리라는 생각을 해본다. 그리고 새로운 학문을 배우는데 있어서도 최선을 다했을 것이라는 생각이 든다.

흥미로운 것은 이갑의 딸 이정희와의 운명적인 만남이다. 이정희가 아버지 이갑의 얼굴을 처음 본 것은 여섯 살 때인 1903년이었다. 1902년 여름, 이갑의 아버지 이응오가 세상을 떠났다. 하지만 일본에 유학 중이었던 이갑은 고향에 돌아올 수가 없었다. 이갑은 1903년 여름에야 이응오의 소상(小祥)[20]을 지내기 위해 고향에 돌아왔는데, 이정희는 그때 잠깐 아버지를 만나게 된다.

---

20) 소상(小祥): 사람이 죽은 지 1년 만에 지내는 제사. 1주기(周忌).

이정희가 부모와 함께 살게 된 것은 1904년이었다. 일본에서 돌아와 대한제국 참위로 임관한 이갑이 숙천에 있던 아내와 딸을 한성으로 불러들인 것이다. 이정희가 숙천을 떠날 때 가장 힘들었던 것은 할머니와의 이별이었다고 한다. 수많은 손주들 중에서도 아버지 없이 자라난 이정희를 가장 귀여워했던 할머니와의 이별은 일곱 살 먹은 소녀에게는 감당하기 힘들었을 것이다.

한성에 올라온 이정희는 매우 외롭고 심심했다고 한다. 아버지 이갑은 항상 바빴다. 외출이 잦았고, 집에 돌아와서도 사랑채에서 손님들과 회의를 하느라고 여념이 없었다. 손님 접대로 어머니 또한 항상 분주하여 혼자 지내는 시간이 많았으니 그럴 만도 했을 것이다.

1906년 4월, 이갑은 딸을 진명여학교(進明女學校: 현재의 진명여중·고등학교) 소학부에 입학시켜 신학문을 배우게 했다. 이정희는 학교에 재미를 붙였다. 새로운 친구들을 사귀고 신학문을 배우는 재미가 쏠쏠했다. 하지만 집으로 돌아오면 혼자 놀아야 했다. 이때 이정희의 관심을 끈 사람이 바로 이응준이었다.

이정희는 매일 이응준의 방으로 찾아와 함께 놀자고 떼를 쓰곤 했다. 살구를 따달라고도 조르기도 하고, 안아서 담장 위에 올려 달라고 보채기도 했다.

열여섯 살 먹은 소년이 아홉 살짜리 계집아이와 놀아주는 것이 어찌 탐탁했겠는가마는, 상대는 은인인 이갑의 딸이 아니던가. 내키지는 않았지만, 이응준은 싫은 내색을 하지 않고 이정희의 청을 들어주곤 했다. 외로웠던 이정희에게 이응준은 좋은 친구였다. 그렇지만 훗날 자신들이 부부의 연을 맺게 되리라는 것을 당시 두 사람은 꿈에서조차 생각지도 못했을 것이다.

시골 소년 보성중학교에 입학하다

이갑의 집에서 서생(書生)으로 지낸지 석 달쯤 지난 1906년 9월 초순의 어느 날, 이갑이 이응준을 자신의 방으로 불렀다.

"응준아, 보성중학교가 새로 생겼으니 그곳에 들어가 공부하도록 하여라."

보성중학교(普成中學校: 현재의 보성중·고등학교)는 군부대신을 지낸 민족 선각자 이용익(李容翊)이 1906년 9월 22일 박동(薄洞: 현재의 종로구 수송동)에서 문을 연 사립학교였는데, 제1회 신입생 모집시험에 응시하라는 권유였다. 시험과목은 '국한문(國漢文) 작문(作文)'과 '산수(算數)'였다. 경쟁이 치열했지만, 곽 초시에게 한학을 배우고 김형섭 정위에게 수학을 익힌 이응준에게는 누워서 떡먹기였다.

보성중학교에 합격하자, 이갑은 친히 이응준에게 교복을 맞춰주었다. 뿐만 아니라 진고개(泥峴: 현재의 충무로)로 데리고 가서 학용품은 물론 내의까지 손수 사주었다. 또한 이응준이 지각할까봐 염려하여 매일 같이 아침 식사를 재촉하였고, 기말 시험 때는 성북동(城北洞)에 있는 어느 내관(內官)의 별장에 방을 얻어 조용히 공부할 수 있도록 배려해주었다. 누가 봐도 이응준은 이갑의 아들이나 마찬가지였다.

분에 넘치는 은혜에 감격한 이응준은 하루도 빠짐없이 '선비는 자신을 알아주는 사람을 위해 목숨을 바친다.(士爲知己者而死)'라는 글귀를 낭송했다고 한다. 무작정 상경한 시골 소년이 양반집 자제들이나 들어갈 수 있었던 신식 사립학교의 학생이 되었으니 어찌 감읍(感泣)하지 않았겠는가. 그 심정을 알고도 남음이 있을 것 같다.

1907년 2월, 미국에서 귀국한 도산 안창호가 이갑의 집에 드나들기 시작했다. 두 사람은 만나자마자 의기투합하여 그해 4월, 신민회(新民會)를 창립하고 본격적으로 국권회복운동을 전개하기 시작했다. 그 무렵의 어느 날, 안창호가 이응준을 상점에 데리고 가서 지갑을 하나 사주며 이렇게 얘기했다고 한다.

"잘 간직해라. 네게 주는 선물이란다."

안창호 또한 이응준을 매우 아꼈던 것으로 생각되는 대목이다.

1907년 7월 20일, 조선통감 이토 히로부미와 이완용 내각의 강요에 못 이겨 고종황제가 제위를 순종황제에게 양위하는 사건이 발생한다. 이에 분노한 이갑이 대신들을 격살하여 고종황제의 퇴위를 막아보려 했지만, 도리어 한 달 넘게 옥에 갇히는 신세가 되고 만다.

이응준은 하루도 빠지지 않고 돈화문(敦化門: 창덕궁의 정문) 앞 육군법원에 갇혀있는 이갑을 면회하고, 사식(私食)을 차입(差入)했다. 이갑의 식솔을 돌보는 일도 이응준의 몫이었다.

고종황제를 퇴위시킨 일본이 순종황제를 강요하여 그해 8월 1일부터 대한제국의 군대를 해산하기 시작했다. 해산의 이유가 황당하고 기가 막혔다. 용병제(傭兵制)로 운용되고 있는 군대가 효율성이 떨어지니 일단 해산을 한 후, 훗날 징병제(徵兵制)를 실시하여 보다 질 좋은 군대를 양성하겠다는 것이었다.

분노한 군인들이 일본에 저항했다. 8월 1일, 대한제국군 제1연대 제1대대와 제2연대 제1대대 군인들이 남대문 일대에서 일본군과 시가전을 벌였다. 남대문전투를 필두로 대한제국 군인들이 전국각지에서 일본군과 충돌했다. 하지만 대한제국군의 봉기는 모두 진압되고 말았다. 결국 9월 3일, 대한제국 군대의 해산이 마무리되었다.

해산 전의 대한제국 군대는 한성의 2개 연대와 지방의 8개 진위대대(鎭衛大隊), 그리고 기타 부대들을 합쳐 9천여 명에 불과했다. 그런데 그마저도 해산되고, 황실(皇室)을 수호하는 근위대(近衛隊)[21]만 남게 된 것이다. 해산된 군인들은 전국각지에서 의병(義兵)부대에 합류하여 항일무장투쟁에 나섰다.

8월 26일, 이갑이 옥에서 석방되어 참령으로 복직되었다. 일본은 이갑을 포함한 일본 육사 출신 장교들을 회유하여 친일 세력으로 만들려고 하였다. 하지만 이갑은 미련 없이 군문을 떠나 도산 안창호 등 신민회 회원들과 함께 전국의 의병을 지원하는 일에 전념했다. 그것은 이응준의 회고록에도 기록되어 있다.

---

21) 근위보병대 1개 대대 644명과 근위기병대 92명

어느 날 나는 독립지사들이 늘 모이는 제중원(濟衆院: 세브란스병원의 전신)이 있는 김필순(金弼淳)씨 댁에 가서 도산과 추정 두 분의 지시로 종일토록 노끈을 꼰 일이 있다. 각처의 의병에게 보내는 격려문을 한지(韓紙)에 써서 노끈으로 꼬는 일이었다. 일제(日帝)의 눈을 피하기 위해 창안된 주도면밀한 연락 방법이었다.[22]

---

22) 이응준,「회고 90년」, P. 59.

육군무관학교의 마지막 생도

1908년 봄, 이갑이 이응준을 불렀다.

"우리 군대가 비록 해산을 당했다 하더라도 나라의 먼 앞일을 생각해야 한다. 마침 무관학교에 결원이 생겼으니, 너는 이 기회에 거기에 가서 군사학(軍事學)을 연마하도록 해라."

북악산 기슭 삼청동(三淸洞)에 자리 잡고 있었던 대한제국 육군무관학교(陸軍武官學校)는 육군 장교 양성기관이었다. 이 학교는 1896년 1월에 처음 설치되었다가, 고종황제가 러시아공사관으로 파천하는 바람에 불과 한 달여 만에 문을 닫았다. 학교는 고종황제가 대한제국을 선포한 다음 해인 1898년 7월에 다시 문을 열었다. 1기생 모집정원이 200명이었는데, 1,700명이나 지원할 정도로 많은 호응을 받았다.

하지만 1907년에 일제가 강제로 대한제국군을 해산하면서 육군무관학교 또한 명맥만 겨우 유지하는 유명무실한 처지가 되어버렸다. 육군무관학교는 3년제였지만, 당시에는 1907년 12월에 입교한 1개 학년 25명만이 교육을 받고 있었다.

1908년 봄, 생도 1명이 퇴교를 당하여 결원이 생기자, 이갑이 이응준을 불러 보결시험에 응시하라고 한 것이다. 보결 한 사람을 뽑는데 40명이 넘는 응시자가 몰려들었지만, 이응준은 무난하게 시험에 합격했다.

무관학교 생도대로 들어가는 날 아침, 이응준은 짐을 꾸리고 이갑 내외에게 큰 절을 올렸다. 기나긴 군 생활 여정의 첫발을 내딛는 순간이었다.

무관학교 교장은 이응준이 처음 상경했을 때 10여 일정도 신세를 졌던 노백린 정령(正領: 대령)이었다. 교육과정은 중등과정의 보통학과 일본어를 가르치는 학과(學科), 그리고 체조·제식훈련 등의 술과(術科)로 구성되어 있었다. 수석교관은 일본 육군 대위 오구라 유사부로(小倉祐三郎)였다.

이응준은 학과와 술과 모두에서 상위권을 유지했다. 특히 운동은 동기생들 중 가장 뛰어난 그룹에 속했다. 이응준은 군인의 길이 자신의 적성에 딱 맞는다는 생각을 했다고 한다.

그해 초여름 어느 날 정오 무렵, 교관과 생도 전원에게 학교 서북쪽 소나무 숲으로 집합하라는 노백린 교장의 지시가 떨어졌다. 숲에 도착하자 진수성찬으로 가득한 교자상이 운반되어 왔다. 생도들은 차려진 음식들을 배불리 먹었다. 식사가 끝나자 노백린 교장이 침통한 표정을 지으며 나타났다.

노백린

"제군(諸君)! 국내 정세가 제군과 같이 있는 것을 더 이상 허락하지 않아 부득이 나는 이 학교를 떠나게 되었다."

청천벽력 같은 선언이었다. 노백린 교장은 생도들의 존경을 한 몸에 받고 있는 이정표(里程標) 같은 존재였다. 그런 스승이 자기들의 곁을 떠난다는 말에 생도들은 당혹감을 감추지 못했다. 생도들은 나라가 망해가고 있다는 사실을 어렴풋이 느끼고 있었다.

노백린[23]은 생도들과 마지막 기념사진을 촬영한 후 학교를 떠났다. 이후 노백린은 고향으로 낙향하여 신민회 구국활동을 전개하였으며, 대한제국이 일본에 병합된 이후에는 국외로 망명하여 독립운동에 여생을 바쳤다.

노백린과 무관학교 생도들의 고별사진. 앞줄 좌로부터 ③앉아있는 사람이 노백린이다.

---

23) 노백린(盧伯麟, 1875.~1926.): 일본육사 11기 출신으로 대한제국 정령을 지냈다. 대한제국이 일본에 병합된 후 미국과 중국에서 독립운동을 하였으며, 대한민국임시정부 군무총장과 국무총리 등을 역임했다.

일본으로 보내진 생도들

해가 바뀌어 1909년이 되자 생도가 50명으로 늘어갔다. 1학년 신입생 25명이 입교한 것이다. 이응준과 2학년 생도들은 후배들에게 모범을 보이자고 서로 다짐했다.

하지만 시간이 지나면서 생도들이 하나둘씩 자퇴하기 시작했다. 졸업 후 임관해봐야 허울만 남은 근위보병대에 배속되는 길밖에 없었기 때문이다.

'군대 없는 나라의 장교'가 될 생각을 하니 희망이 보이지 않았던 것이다. 7월 무렵까지 5명이 학교를 떠나 생도들은 1·2학년 합쳐 45명으로 줄어들었다.

설상가상으로 그해 7월 30일, 충격적인 사건이 발생했다. 형식적으로나마 존속되었던 '군부(軍部)와 무관학교를 폐지한다.'는 칙령이 발표된 것이다.

8월 2일, 노백린의 후임인 이희두(李熙斗) 교장이 생도들을 모아놓고 순종황제의 칙령을 대독했다. 그동안 군부가 맡아하던 업무를 궁중에 신설되는 친위부(親衛府)에서 관장하고, 사관 양성은 일본국 정부에 위탁한다는 내용이었다. 일본이 대한제국을 병합하기 위해 마지막 숨통을 조인 것이다.

이에 따라 무관학교에 재학 중이던 생도들은 도쿄의 육군중앙유년학교(陸軍中央幼年學校)에 편입하게 됐다. 일본으로 가야 하나 말아야 하나, 생도들은 고민에 빠졌다. 몇몇 생도는 일본행을 거부하겠다고 했지만, 대부분의 생도들은 일본에 유학하여 선진군사학을 배우겠다는 생각을 가지고 있었다.

향후의 진로가 혼란스럽기는 이응준도 마찬가지였다. 이응준은 이갑을 찾아가 거취를 논의했다. 한동안 생각을 거듭하던 이갑이 입을 열었다.

"너는 다른 사람들의 행동에 구애될 것 없이 일본으로 가도록 해라. 생각해봐라. 우리나라 국운(國運)이 내일을 예측할 수 없는 이때, 이럴수록 군인이 있어야 한다. 더욱이 일본 군사학을 배울 기회가 그리 쉽지 않으니 두말 말고 가서 배우고 오도록 해라."

일본에서 군사학을 익히면서 후일을 도모하라는 얘기였다. 이응준은 결연한 어조로 "명심하겠다."고 대답했다.

이응준과 이갑은 다시 만날 날을 기약했다. 하지만 두 사람은 다시는 만나지 못한다.

1909년 9월 7일, 대한제국의 마지막 무관생도들이 도쿄 우시코메구(牛込區) 이치가야다이(市谷臺)에 위치한 육군중앙유년학교에 입교했다.

일본행을 거부한 1명을 제외한 총 44명이었다. 육군사관학교 바로 옆에 자리 잡은 이 학교는 육군사관학교의 예비학교로서 수업연한은 예과(豫科) 3년, 본과(本科) 2년으로 총 5년이었으며, 생도 수는 700명가량이었다.

당시 전국 5개 도시에는 입학정원 50명의 지방유년학교들이 있었지만, 그곳에서는 예과 3년 과정만 가르쳤고, 본과 2년 과정은 중앙유년학교에서 가르쳤다. 당시 일본 육군사관학교의 수업연한은 1년이었기 때문에 장교로서의 기초적인 소양은 육군중앙유년학교에서 쌓여진다고 보면 될 것이다.

이응준을 비롯한 무관생도 2학년은 예과 3학년에, 1학년은 예과 2학년에 편입되었다. 현재의 우리 학제와 비교해보면 중학교 2,3학년 과정에 편입한 것이다. 조선인 편입생 44명은 한국학생반(韓國學生班)이라는 명칭으로 별도 편성되었다. 조선인 생도들은 숙소는 물론 강의실과 식당까지 일본인 생도들과 따로 사용했다. 조선인 생도들의 명단은 다음과 같다.

> 3학년 편입생: 강우영(姜友永), 권영한(權寧漢), 김준원(金埈元), 남상필(南相弼), 민덕호(閔德鎬), 박승훈(朴勝薰), 신태영(申泰英), 안종인(安鍾寅), 염창섭(廉昌燮), 유승렬(劉升烈), 이강우(李絳宇), 이건모(李健模), 이은우(李殷雨), 이응준(李應俊), 이호영(李昊永), 이희겸(李喜謙), 장기형(張璣衡), 장성환(張星煥), 조철호(趙喆鎬), 지석규

(池錫奎), 홍사익(洪思翊) (총 21명)

2학년 편입생: 김석원(金錫源), 김인욱(金仁旭), 김종식(金鍾植), 김중규(金重奎), 남태현(南㙮鉉), 류관희(柳寬熙), 류춘형(柳春馨), 민병은(閔丙殷), 박창하(朴昌夏), 백홍석(白洪錫), 서정필(徐廷弼), 신우현(申佑鉉), 원용국(元容國), 윤상필(尹相弼), 윤우병(尹佑炳), 이교석(李敎奭), 이동훈(李東勳), 이응섭(李應涉), 이종혁(李種赫), 장석륜(張錫倫), 장유근(張裕根), 정동춘(鄭東春), 정훈(鄭勳) (총 23명)[24]

조선인 생도들의 나이는 10여 명을 제외하고는 18세에서 21세 사이였다. 일본인 생도들보다 적게는 서너 살에서 많게는 네다섯 살까지 더 먹었다는 얘기였다.

나이가 어림에도 불구하고 일본인 생도들은 조선인 생도들을 업신여겼다. 그 밑바닥에는 자신들이 일등국민이라는 자부심이 깔려있었다. 조선인 생도들은 나이 어린 일본인 생도들에게 지지 말자고 이를 악물었다고 한다.

조선인 생도들이 유년학교에 편입한지 50여 일쯤 지난 10월 26일, 안중근 의사가 하얼빈 역에서 초대 조선통감 이토 히로부미를 사살하는 사건이 발생했다. 우리에게는 조선 침략의 원흉이었지만, 일본인에게 이토 히로부미는 구국의 영웅이었다. 이 사건의 여파로 수많은 민족선각자들이 검거되었다. 이갑도 그 중의 한 사람이었다.

불똥은 조선인 생도들에게도 튀었다. 일본인 생도들이 노골적으로

---

24) 이원규, 「마지막 무관생도들」, PP. 70-72.

적대감을 보인 것이다. 일본인 생도들은 조선인 생도들을 만날 때마다 "야, 강(韓)꼬로, 야만인!"이라며 증오심을 드러냈다. 조선인 생도들은 불안했지만, 의연하게 대처하자고 다짐했다고 한다.

이날(10월 27일) 학과가 끝난 뒤, 몇몇 학생들이 비밀리에 한자리에 모였다. 자리를 같이한 학생은 안종인(안병범), 이응준, 홍사익, 그리고 지석규(이청천), 신태영 학생 등이었다.
- 중략 -
신태영 학생이 머리를 들고 입을 열었다.
"아무리 우리가 적지에 와있는 몸이라고 하지만, 만일 놈들이 보복을 가해올 경우에 병신처럼 당하기만 한다는 것은 말이 안 돼. 이 기회에 우리도 한번 놈들에게 한국인의 기개를 보여줘야지, 그렇지 않으면 우리가 일본에서 유학하는 동안 놈들로부터 계속 수모를 당하게 될 거란 말이야."
- 중략 -
홍사익 학생이 다시 입을 열었다.
"신태영 학생의 말에도 일리가 있지만, 그러나 우리가 우선 생각해야할 것은 왜 우리가 일본까지 건너왔느냐 하는 것이다. 그러니까 우리들의 목적을 달성하기 위해서는 어떠한 고난도 극복해나가야 한다고 생각해. 우리나라 속담에 '똥이 무서워 피하는 것이 아니라 더러워서 피한다.'는 말이 있어. 그러니까 우리는 소기의 목적을 달성할 때까지 44명의 한국인 학생들이 굳게 뭉쳐서 어려움을 참아나가자. 또 이 기회에 성격이 아주 단기적(短氣的)인 일본놈들에게 우리 민족의 끈질김도 보여주자 이 말이야."
다섯 명의 학생들은 결국 홍사익 학생의 의견에 따르기로 합의하고, 이 사실을 전 한국인 학생들에게 알렸다.[25]

---

25) 육군본부 군사연구실, 「의장 안병범」, PP. 47-49.

사라진 나라의 유복자들

1910년, 일본 육군중앙유년학교에 유학 중인 대한제국 육군무관학교 출신 생도들과 일본인 교관들. 제4열 좌로부터 ①유승렬 ②김준원 ③염창섭 ④류관희 ⑤이동훈 ⑥홍사익 ⑦장석륜 ⑧장성환 ⑨이호영(이대영) ⑩안종인(안병범) ⑪박창하 ⑫신태영 ⑬남상필 ⑭류춘형 ⑮서정필 ⑯이응준, 제3열 좌로부터 ①정훈 ②조철호 ③박승훈 ④이응섭 ⑤백홍석 ⑥이희겸 ⑦장기형 ⑧김종식 ⑨장유근 ⑩강우영 ⑪원용국 ⑫이강우 ⑬이교석 ⑭김중규 ⑮이종혁, 제2열 좌로부터 ①남태현(남우현) ②민덕호 ③윤상필 ④김인욱 ⑪권영한 ⑫지석규(이청천) ⑬민병은 ⑭김석원 ⑮신우현

무관생도들이 일본에 간 지 1년 만인 1910년 8월 29일, 대한제국이 일본에 병탄(倂呑)되고 말았다. 생도들은 졸지에 '대한제국의 유복자(遺腹子)'가 되고 말았다.

 망국의 비보(悲報)를 들은 조선인 생도들이 한자리에 모여 거취를 논의했다. 의견은 세 가지로 좁혀졌다. ⑴전원 퇴학하고 귀국, ⑵집단 자결, ⑶장교 임관 후 퇴역 등의 3가지 안이었다.

 이때 비교적 나이가 많았던 지석규(당시 22세) 생도가 "우리는 군사를 공부하러 온 사람들이니 배울 것은 끝까지 배운 다음, 장차 중위(中尉)가 되는 날 일제히 군복을 벗고 조국 광복을 위해 총궐기하자."고 열변을 토했다. 결국 조선인 생도들은 후일 모두가 독립운동에 투신하기로 맹세하고 학업을 계속했다.

> 유학생들은 병합 소식에 비분강개하여 요코하마(橫浜)에 있는 어느 요정에 모여 밤새도록 통음(痛飮)하면서 앞으로의 거취를 토론하였다고 한다. 혹은 아오야마(靑山) 묘지에서 비밀회합을 갖고 이 문제를 의논하기도 했다. 어떤 사람은 곧 전원 퇴학하여 귀국하자고 했고, 또 어떤 사람은 천황의 산책 길목인 니쥬우바시(二重橋) 앞에 가서 집단 자결하여 분한 마음을 풀자고 했다. 사실 그들 중에는 충무공(忠武公)의 후예인 이대영(이호영)도 있었다.
> 그러나 그들은 결국 연배가 높은 지석규(후일 이청천 장군으로 알려짐)의 주장에 따라 이왕 군사교육을 배우러 온 것이니 배울 것은 끝까지 배운 다음, 장차 중위가 되는 날 일제히 군복을 벗어던지

고 조국 광복을 위해 총궐기하기로 맹세하였다. 이는 당시 육사에 유학 중이던 청국(淸國) 유학생들이 1911년 11월 본국에서 신해혁명(辛亥革命)이 일어나자 전원 퇴교한 것과 대조적이다. 다만 이응준은 당시 2,3명의 한국 유학생이 탈출한 것으로 기억하고 있다.[26]

후일 이들 중 자퇴하거나 중도 탈락한 11명을 제외한 33명이 일본 육사를 졸업하게 되는데, 이응준을 포함한 26기(1914년 5월 졸업) 13명과 27기(1915년 5월 졸업) 20명이 그들이다.

이때 끝까지 공부하자고 주장했던 지석규(26기, 1888.~1957.)는 중위 때인 1919년에 자신이 공언했던 대로 만주로 망명하여 독립군이 되었다. 그가 바로 광복군 총사령관을 역임한 이청천(李靑天) 장군이다.

조철호(26기, 1890.~1941.)도 약속대로 1918년에 중위로 예편한 후 항일운동에 뛰어들었다. 조철호는 예편 후 평안북도 정주(定州)의 오산학교(五山學校) 교사로 재직하였고, 1919년에 3·1만세운동이 일어나자 항일운동을 주도했다. 그 직후 중국으로 망명했지만, 곧 체포되어 옥살이를 했다. 출옥 후에도 항일운동을 계속한 조철호는 1922년, 한국보이스카우트연맹의 전신인 조선소년군(朝鮮少年軍)을 창설하였으며, 1941년(51세)에 병사했다. 1990년, 건국훈장 국민장이 추서되었다.

이종혁(27기, 1892.~1935.)도 중위 때 3·1운동이 일어나자 만주로 망명하여 '참의부(叅議府)' 군사위원장으로 항일투쟁을 전개했다. 1928년,

---

26) 이기동, 「비극의 군인들-일본육사출신의 역사」, P. 24.

봉천(奉天)에서 체포되어 5년 동안 복역하였고, 옥살이 중에 걸린 늑막염으로 인해 1935년(43세)에 병사했다. 1980년, 건국훈장 국민장이 추서되었다.

소위 때인 1917년에 예편한 이동훈(27기, 1890.~1920.)은 평양 광성고보(光成高普)에서 민족혼 교육을 하였으며, 3·1운동 때는 제자들과 함께 만세운동을 전개했다. 1920년(30세)에 상해 임시정부로 탈출하려다 실패하고 사망했다. 2012년, 건국훈장 애족장이 추서되었다.

하지만 이 네 명을 제외한 나머지 사람들은 딸린 가족이나 주변 환경 때문에 약속을 지키지 못했다. 일본군에 그대로 주저앉거나, 예편 후 일반사회로 진출하고 말았던 것이다.

홍사익

그러나 뒤에 가서 이 맹세를 끝내 지키고 중위 때에 조국광복의 제일선에 나선 사람은 지청천(池靑天: 지석규) 단 한사람뿐이었다고 길게 한숨을 내쉬는 것이었다. 이때 필자(이형석, 일본 육사 45기)는 20년 후학의 후배였으나 같은 자리에서 술을 들고 있었던 터이므로, 무례하지만 어찌하여 홍사익이 맹세를 못 지켰는지를 나무람 투로 물었더니, 홍사익[27]은 여유 없는 가정 형편 때문이었음을 한숨 섞어 말했다.[28]

나라를 잃은 지 3일 만인 9월 1일, 이응준은 육군중앙유년학교 본과 1학년으로 진학했다. 본과 2년 과정은 현재의 우리 학제로 치면 고등학교에 해당된다고 하겠다. 한국학생반이 폐지되고, 조선인 생도들은 일본인 생도대의 각 구대(區隊)에 분산 편성됐다. 이응준은 제3중대 제2구대에 배치됐다.

학교장은 조선인 생도들에게 "이제 일본과 조선이 한 나라가 되어 조선인들도 일등국민이 되었으니, 제군도 위탁교육생 신분에서 일본제국의 생도로 신분이 상승되었다."며 일장훈시를 했다. 생색을 내는 학교장의 훈시를 들으면서 생도들은 몰려오는 수치심과 비통함에 마음을 가눌 수가 없었다고 한다.

1912년 5월, 이응준은 육군중앙유년학교를 11기로 졸업했다. 학교

---

27) 홍사익(1887.~1946.): 가장 공부를 잘했던 홍사익은 무관생도들 중 유일하게 장성이 되어 일본군 육군 중장까지 진급한다. 하지만 1946년 9월 26일, 필리핀에서 전범(戰犯)으로 처형되고 만다.
28) 이형석,「지청천」,『한국 근대인물 백인선』, P. 243.

를 졸업한 사관후보생들은 일본 전국의 각 연대(聯隊)에서 사병신분으로 6개월 동안 대부근무(隊附勤務)를 해야 했다. 대부근무란 야전부대의 실무를 이해하고 지휘능력을 배양하기 위해, 장래에 통솔해야할 사병들의 생활을 체험하게 하는 제도였다. 한마디로 '통솔을 할 사람은 통솔 받는 사람의 심정을 알아야 한다.'는 제도였다.

이응준은 도쿄 주둔 제1사단 예하 보병 제3연대에 배속됐다. 보병 제3연대는 아자부구(麻布區)에 위치하고 있었다. 상등병(上等兵)으로 근무를 시작하여 대부근무를 마칠 때는 군조(軍曹: 중사) 계급장을 달았다.

일본 육군사관학교 입교

대부근무를 끝낸 이응준을 비롯한 사관후보생 766명이 1912년 12월 1일, 일본 육군사관학교에 입교했다. 조선인 생도들은 모두 보병과(步兵科)였다. 육사 교육은 엄격하고 치밀했다. 유년학교와는 비교할 바가 아니었다. 유년학교에서는 일반 중등과정과 기초적인 군사훈련을 가르쳤지만, 육사 교육은 본격적인 군사교육 위주였다.

전술학, 병기학, 지형학, 교통학, 축성학(築城學) 등의 본격적인 군사학(軍事學)과 교련, 진중근무, 검술, 사격, 마술(馬術) 등의 술과(術科)를 가르쳤다. 그뿐만이 아니었다. 긱 병괴(兵科)의 조전(操典), 교범(敎範), 야외요무령(野外要務令), 내무(內務), 예식(禮式) 등도 가르쳤다. 게다가 외국어도 배워야했다. 이응준은 중국어를 선택했다. "일과가 빈틈없이 짜여 있어 어떻게 하루를 보냈는지 모를 정도였다." 이응준의 회고다.

1914년 5월 26일, 일본 육사 26기 739명의 졸업식이 거행됐다. 그 중에는 13명의 조선인 생도도 포함되어 있었다. 권영한, 김준원, 민덕호,

박승훈, 신태영, 안종인(안병범), 염창섭, 유승렬, 이응준, 이호영(이대영), 조철호, 지석규(이청천), 홍사익이 그들이었다. 이응준의 졸업 석차는 보병과 460명 중 32등으로 매우 우수한 성적이었다.

졸업생들은 사관후보생 시절에 대부근무를 했던 부대에 다시 배속되었다. 그들은 그곳에서 다시 6개월 동안 견습사관(見習士官)의 신분으로 대부근무를 했다. 장교들을 도와 사병들을 교육 훈련하는 것이 주요임무였다. 이응준도 보병 제3연대에 다시 배치되어 견습사관 근무를 했다.

일본 육군사관학교 생도시절의 이응준

일본군 육군 소위 임관

1914년 12월 25일, 이응준이 일본군 보병 소위로 임관했다. 그의 나이 24세 때였다. 소위가 되자 모든 대우가 달라졌다. 일본사회의 상류계층으로 대접받았던 것이다.

당시 일본에는 네 가지의 신분이 있었다. 메이지유신으로 도쿠가와(德川) 막부가 해체되고 일본 왕이 실권을 잡게 되자, 일본 왕과 친족들로 구성된 왕족이 일본사회 최고의 신분으로 자리를 잡았다. 그 다음이 다이묘(大名: 지방영주) 출신으로 귀족의 작위(爵位)를 받은 화족(華族)이었고, 이전부터 국가에 등록된 사무라이들이 사족(士族)이라고 해서 화족 다음의 신분이었다. 화족과 사족까지가 지배계층이었고, 나머지는 모두 평민의 신분이었다.

하지만 메이지유신 이후 국가 관료기구의 고위직인 고등관(高等官)들은 타고난 핏줄이 사족이 아니더라도 사족으로서의 대우를 받았다. 그렇지만 고등관이 될 수 있는 방법은 단 두 가지뿐이었다.

하나는 대학을 나와 고등관 시험에 합격하는 것이었으며, 또 하나는 사관학교를 졸업하여 장교가 되는 것이었다. 장교는 소위부터 모든 장교가 고등관이었다. 이런 까닭에 일본의 청년들은 고등문관 시험과 사관학교 진학이라는 좁은 관문을 통과하기 위해 혼신의 힘을 기울였다.

그것은 식민지인인 조선인에게도 똑같이 적용되었다. 아무리 차별받는 식민치하의 조선인이라 할지라도 고등관이 되기만 하면 특별한 사회적 지위를 누리면서 대접받고 살 수 있었던 것이다.

1915년, 이응준은 보병 제3연대 제11중대에서 사병들의 교육훈련 업무를 담당했으며, 1916년에도 제3중대로 옮겨가 교육훈련 업무를 계속했다. 그해 12월, 이응준은 중위로 진급했다.

한편, 1915년 12월에 육사 27기 20명도 소위로 임관했다. 김석원, 김인욱, 김종식, 김중규, 남태현(남우현), 류관희, 박창하, 백홍석, 서정필, 원용국, 윤상필, 이강우(유년학교 때 1년 유급), 이동훈, 이종혁, 이희겸(유년학교 때 1년 유급), 장기형(유년학교 때 1년 유급), 장석륜, 장성환(유년학교 때 1년 유급), 장유근, 정훈이 그들이었다.

1916년 12월, 26기와 27기들 중 이응준, 홍사익, 윤상필, 김종식 등 도쿄에서 근무하던 장교들이 주축이 되어 친목모임인 전의회(全誼會)를 만들었다. 회장에는 김광서(金光瑞)가 추대되었다.

김광서의 본명은 김현충(金顯忠)으로 1888년, 함경남도 북청(北靑)에서 출생했다. 김광서는 조선인 무관생도들이 유년학교에 편입하던 1909년 12월에 일본 육사 23기로 입교했다. 이갑을 비롯한 여덟 명의

15기 졸업생 이후 유일하게 일본 육사에 입교한 인물이었던 것이다.

전의회의 회장으로 추대된 것으로 봤을 때, 26기와 27기는 유년학교 재학시절부터 유일한 선배인 김광서를 따랐던 것으로 생각된다. 민족의식이 투철했던 김광서는 후배들을 격려하며 구심점 역할을 했다. 특히 지석규와 의기투합했던 김광서는 틈만 나면 그를 만나 일본군에서 탈출할 기회를 모의했다.

1917년 5월경, 이갑 참령으로부터 소식이 왔다. 이갑의 조카 이태희(李太熙)가 이갑의 편지를 가지고 이응준을 찾아온 것이다. 1909년에 헤어진 후 8년만이었다. 이응준은 유년학교에 재학 중이던 1910년 봄에 이갑이 국외로 망명했다는 사실을 신문기사에서 보았다. 그리고 지바(千葉)의학전문학교에 유학하고 있던 이태희를 통해 이갑이 러시아 니콜스크에서 투병중이며, 그의 부인과 딸이 간병(看病)하고 있다는 사실도 알고 있었다.

하지만 러시아의 독립운동가와 도쿄의 일본군 장교 사이에 직접적인 서신내왕이 있을 수는 없었다. 그런데 돌연 이갑의 서신이 도착하다니, 이응준은 반가운 마음에 편지를 단숨에 읽어내려 갔다.

"내 딸 정희를 부탁한다. 군이 어렸을 때의 정희를 알 것이다. 장성한 정희는 장차 군의 배필이 되어 잘 도와줄 것으로 믿는다."

편지에는 이정희의 사진과 약혼의 징표인 금반지도 동봉되어 있었다. 이갑은 과연 언제부터 자신을 사윗감으로 점찍고 있었던 것일까? 이응준은 감격의 눈물을 흘렸다. 처음 만나는 순간부터 한 결 같이 자신을 믿어준 이갑의 마지막 부탁에 만감이 교차했다. 이응준은 이갑의 뜻에 따라 이정희와 백년해로하기로 마음을 정했다.

하지만 이응준의 답장은 이갑이 세상을 떠난 날(1917년 6월 13일)로부터 1주일 후에야 니콜스크에 도착했다. '광복의 꿈'을 안고 망명을 했던 조선의 풍운아 이갑. 하지만 그 꿈을 펼쳐보기도 전에 불치의 병을 얻어 와병하기 7년. 아마도 이갑은 자신의 죽음을 예견하고 '마지막 꿈'인 외동딸을 이응준에게 의탁했던 것으로 생각된다. 병상에서 답장이 오기만을 기다렸을 이갑을 생각하면 안타깝기 그지없다.

러시아 출병

1917년, 제정(帝政) 러시아에서 세계 최초로 공산주의혁명이 성공했다. 그 결과 황제 니콜라이2세가 퇴위하였고, 레닌(Vladimir Il'ich Lenin)이 이끄는 볼셰비키(1918년 3월, 러시아 공산당으로 명칭 변경)가 정권을 잡았다.

당시 유럽 열강들은 '동맹국'과 '연합국'이라는 이름의 두 집단으로 나뉘어 전쟁을 벌이고 있었다. 이른바 제1차 세계대전(1914. 7.~1918. 11.)이었다. 동맹국의 주축은 독일, 오스트리아-헝가리제국, 오스만제국(터키) 등이었고, 연합국의 주축은 러시아, 프랑스, 영국, 미국 등이었다.

1918년 3월, 볼셰비키 소비에트(Soviet)정부가 독일 등 '동맹국' 측 나라들과 강화조약을 맺고 이 전쟁에서 빠져나갔다. 하지만 상황은 녹록치 않았다. 볼셰비키가 비록 정권을 잡았지만, 러시아에는 반대세력들이 많았다. 왕정복고를 시도하는 왕당파(王黨派), 그리고 볼셰비키와 의견을 달리하는 정치세력들이었다. 결국 볼셰비키와 반(反)볼셰비키 진영 간에 충돌이 일어났다. 볼셰비키 혁명정부가 이끄는 적군(赤軍)과 반대세력을 지지하는 백군(白軍)간에 내전(1918.~1922.)이 발생한 것이다.

게다가 '연합국' 측도 가만있지 않았다. 영국, 프랑스, 미국 등이 볼셰비키 정부를 무너뜨리기 위해 국제간섭군(國際干涉軍)이라는 이름으로 러시아에 군대를 파병한 것이다. 국제간섭군의 목적은 러시아에 '동맹국' 측과 전쟁을 계속할 정권을 수립하는 것이었다. 하지만 볼셰비키 소비에트정부는 5년여에 걸친 내전에서 승리하여 1922년 12월에 소련(蘇聯: 소비에트 사회주의 공화국 연방, Union of Socialist Republics)을 출범시킨다.

1918년 4월, 일본도 국제간섭군의 자격으로 연해주와 시베리아 동부에 군대를 파병했다. 처음에는 4개 사단을 보냈는데, 나중에는 11개 사단 17만 명 규모로 늘어나게 된다.

그해 8월, 이응준 중위에게도 출정명령이 떨어졌다. 연해주 블라디보스토크에 위치한 일본군 파견사령부에 배속된 것이다. 이응준은 사령부의 고급부관인 아마노(天野邦太郞) 대좌(大佐: 대령)를 보좌하여 대민업무를 담당했다. 현지인들로부터 정보를 수집하여 분석하는 일도 했다.

그해 가을, 어느 정도 현지사정에 익숙해진 이응준은 이갑 참령의 묘소를 참배하기 위해 니콜스크를 찾았다. 니콜스크는 블라디보스토크 북쪽으로 1백km쯤 떨어져 있는 도시였다. 이갑의 집을 찾아가니, 장래의 장모 차숙경이 반갑게 맞아주었다. 이정희는 석 달 전에 귀국하여 진명여학교에서 학업을 계속하고 있다고 했다.

이갑의 유족들은 러시아 공산혁명과 적백내전(赤白內戰) 때문에 이갑의 유해를 고국으로 이장하지 못하고 있었다. 니콜스크 공동묘지에 있는 이갑의 묘에는 '한국인 이갑지묘(韓國人 李甲之墓)'라고 쓰인 나무로 만든 비(碑)가 세워져 있었다. 이갑의 명복을 빈 이응준은 다시 찾아와 제대로 된 비를 세워드리겠노라고 다짐했다. 하지만 얼마 후에 러시아를 떠나게 되는 바람에 그 약속을 지키지 못하게 된다. 이 일은 이응준 평생의 한(恨)으로 남게 된다.

이갑의 묘소를 참배하고 돌아온 후 이응준은 심한 위궤양과 불면증에 시달리게 된다. 진단 결과 위산과다증과 신경쇠약증이었다. 군의관에게 치료를 받았지만 병세는 호전되지 않았다. 결국 이응준은 블라디보스토크 파견 7개월만인 1919년 1월, 히로시마(廣島) 위수병원(衛戍病院)으로 후송되었다.

독립군과 일본군의 갈림길

1919년 3월 1일, 경성(京城)[29]에서 독립만세운동이 일어났다. 3·1만세운동은 요원의 불길처럼 방방곡곡으로 확산되었다. 국내에서 전국적 규모의 독립운동이 일어나자 이에 자극받은 만주와 중국의 애국지사들이 결집하기 시작했다.

1919년 4월, 조직적인 항일투쟁을 전개하기 위해서는 정부가 필요하다고 느낀 애국지사들이 중국 상해(上海)로 집결했다. 이들은 4월 10일과 11일, 각도를 대표하는 29명의 초대 임시의정원(臨時議政院: 현재의 국회) 의원을 선출하고, 초대 의정원장에 이동녕(李東寧), 부의정원장에 손정도(孫貞道) 목사를 선출했다.

그리고 1919년 4월 13일, 초대 의정원 의원 29명의 결의로 이승만(李承晚)을 초대 국무총리로 하는 대한민국임시정부(大韓民國臨時政府)의 수립을 대내외에 선포했다. 3·1운동이 일어난 지 43일째 되는 날이었

---

[29] 대한제국을 강점(1910년 8월 29일)한 일본이 신설한 조선총독부(朝鮮總督府)는 515년 동안 조선왕조 수도의 이름이었던 한성부(漢城府)를 경성부(京城府)로 고쳤다.

다. 3·1운동은 만주(滿洲) 간도(間島)와 러시아 연해주의 항일무장투쟁에도 불을 붙였다.

1905년의 을사늑약 체결과 1907년의 대한제국군 강제해산 때 봉기했던 의병들의 일부가 간도와 연해주로 망명했고, 1910년에 나라를 잃은 이후에는 수많은 애국지사들과 조선유민들이 뒤를 이어 이주했다.

간도(間島) 이주 초기, 조선인 동포들은 생활고와 원주민들의 텃세를 견뎌가며 기반을 잡기에 바빴다. 하지만 동포들은 꾸준히 황무지를 개간하여 삶의 터전을 확보하였고, 자치단체를 조직하여 질서를 확립했다.

또한 민족학교들을 설립하여 인재를 기르는 한편, 신흥무관학교(新興武官學校)를 설립하여 독립군을 양성해나갔다. 어떻게 보면 3·1운동이 일어난 1919년까지는 독립무장투쟁을 위한 준비 기간이었다고 할 수 있을 것이다.

그러다가 국내에서 독립만세운동이 일어나자, 간도지역에서는 크고 작은 독립무장단체들이 생겨나 항일무장투쟁을 개시했다. 1919년 8월에 홍범도(洪範圖) 장군이 '대한독립군' 200여 명을 이끌고 국내 혜산진에 진입하여 일본군과 일전을 벌인 것을 신호탄으로, 간도지방의 각 독립군들이 빈번하게 국내진공작전을 벌이기 시작한 것이다.

자극을 받은 것은 김광서와 지석규도 마찬가지였다. 도쿄 제1사단 기병 제1연대 중위로 복무하던 김광서는 1919년 2월에 병가(病暇)를 얻어 경성 사직동(社稷洞) 자택에 돌아와 있었다. 따라서 김광서 중위는

3·1만세운동을 직접 목격할 수 있었다. 그해 3월, 지석규 중위도 요양휴가를 얻어 경성 삼청동 자택으로 돌아왔다. 그동안 만주로 망명할 기회만 엿보고 있던 두 사람은 마침내 자신들의 계획을 실행에 옮기기로 한다.

그해 4월, 요양휴가를 얻은 이응준도 경성으로 돌아왔다. 이응준은 약혼녀 이정희를 만나기 위해 원동 집으로 향했다. 하지만 이정희는 집에 없었다. 진명여학교에 다니던 이정희는 3·1만세운동 때 기숙사 친구들과 함께 거리로 나가 "대한독립만세!"를 외치다가 일본경찰에 잡혀갔었다. 경찰서에서 고초를 겪고 방면된 후, 어머니와 함께 숙천 고향집으로 내려갔다고 한다.

이응준은 발길을 김광서의 집으로 돌렸다. 소식을 듣고 지석규도 달려왔다. 세 사람은 향후의 거취에 대해 의논했다. 그리고 가까운 시일 안에 만주로 탈출하여 독립군에 합류하기로 의견의 일치를 보았다.

며칠 동안 경성에서 지낸 이응준이 평양에 살고 있는 이정희의 사촌오빠 이태희를 찾아갔다. 이정희를 만나기 위해서였다. 지바의학전문학교를 졸업한 이태희는 평양에서 서경병원(西京病院)을 개업하고 있었다. 이태희의 연락을 받은 이정희가 한달음에 달려왔다.

19세와 12세의 소년소녀 때 헤어졌다가, 29세와 22세의 청춘남녀가 된 두 사람이 다시 만났다. 10년 만에 재회한 이응준과 이정희는 두 사람만의 달콤한 시간을 가졌다. 대동강과 모란봉, 을밀대 등을 거닐며 사랑을 키워나갔다. 1주일 후 이정희는 다시 숙천으로 돌아갔다.

일본군 중위 시절의 이응준

평양에 머무는 동안 이응준은 많은 민족지도자들과 교류를 가질 수 있었다. 숙천이 자랑하는 우국지사 이갑의 후광(後光) 덕분이었다. 이갑의 사위가 될 사람이라는 사실 하나만으로 많은 애국지사들이 경계를 풀고 호감을 보였다.

어느 날, 이응준의 숙소로 최성수라는 사람이 찾아왔다. 숙천 출신인 최성수는 만주에서 독립운동을 하다가 자금을 조달하기 위해 평양에 왔다고 했다. 당시 국외에서 독립투쟁을 하고 있는 지사들은 자금이 부족하여 고초를 겪고 있었다.

그는 이응준이 소지하고 있는 권총을 며칠만 빌려달라고 부탁했다. 그 권총으로 재산가들을 위협하여 자금을 마련하겠다는 것이었다. 이응준은 거절했다. 하지만 최성수는 이응준이 숙소를 비운 틈을 타 권총을 훔쳐 달아나고 말았다. 실로 난감한 일이 아닐 수 없었다. 권총을 도난당했으니 당연히 당국에 신고를 해야 했다. 그렇지만 이응준은 신고하지 않았다. 곧 돌려주겠다던 최성수의 말을 믿어보기로 한 것이다.

경성으로 돌아온 이응준은 다시 김광서와 지석규를 만나 구체적인 망명계획을 세웠다. 만주로 가기 위해서는 무엇보다도 자금이 필요했다. 빈손으로 국경을 넘을 수는 없는 노릇이었다. 세 사람은 각자 자금을 마련하여 6월 중순경에 국경을 넘기로 계획을 정했다. 김광서와 지석규는 경성역에서 경의선을 타기로 했고, 이응준은 평양역에서 합류하기로 했다.

이응준은 다시 평양으로 발길을 옮겼다. 그는 지인들을 찾아다니며 자금을 모금했다. 쉽지 않은 일이었다. 약속한 망명일자가 다가오자, 이응준이 다시 이정희를 평양으로 불러들였다. 망명 전에 마지막 이별 인사라도 해야겠다는 생각에서였다. 이응준은 이정희에게 자신의 계획을 털어놓았다.

"그 계획대로 하세요. 저도 얼마 후 만주로 따라갈게요."

이갑의 딸답게 이정희는 대범했다. 이응준은 홀가분했다. 그는 다시 한 번 망명의 결의를 다졌다.

6월 5일, 김광서가 보낸 밀서가 도착했다. 사정이 바뀌어 거사 날짜를 앞당겼으니, 즉시 상경하여 세 사람이 함께 움직이자는 내용이었다. 출발날짜는 바로 다음 날인 6월 6일이었다. 상경이 여의치 않을 경우의 접선방법도 적혀 있었다. 하지만 결정적인 순간이 다가오자 이응준은 흔들렸다.

'자금도 마련이 안됐고, 준비도 제대로 하지 못했는데 어떻게 하지? 아무래도 준비가 되는대로 나중에 뒤 따라 가는 편이 낫겠어.'

이응준은 후일을 기약하기로 했다. 하지만 그는 결국 동지들과의 맹약을 지키지 못하고 만다. 이응준의 회고록을 살펴보면, 그때의 결정을 후회하는 흔적이 여러 군데서 발견된다.

당시 이응준은 왜 약속을 지키지 못했을까? 궁핍했던 어린 시절의 기억 때문에 독립운동이라는 고난(苦難)의 길로 다시 들어서는 것이 두려웠던 것일까? 아니면 약혼녀 이정희와 행복한 가정을 꾸리는 것이

먼저라고 생각했던 것일까? 알 수 없는 일이다.

6월 6일, 탈출을 감행한 김광서와 지석규는 일본 관헌의 검문과 밀정들의 감시를 피해 무사히 국경을 넘었다. 이들이 처음 찾아간 곳은 신흥무관학교(新興武官學校)였다.

조선시대 삼한갑족(三韓甲族)[30]이라고 불렸던 경주 이 씨 가문의 이건영(李健榮)·이석영(李石榮)·이철영(李哲榮)·이회영(李會榮)·이시영(李始榮)·이호영(李護榮) 6형제가 현재 화폐가치로 약 6백억 원에 달하는 전 재산을 처분하여, 1910년 12월에 60여 명의 가족들을 이끌고 길림성(吉林省) 유하현(柳河縣) 삼원보(三源堡)로 망명했다.

이들 형제는 효과적으로 무장독립투쟁을 전개하기 위해 1911년에 무관학교를 설립했는데, 그 학교가 바로 신흥무관학교였다. 독립투쟁의 전진기지와 무관학교를 만드는 일. 이 일은 이갑 참령이 꿈꾸었지만 끝내 이루지 못한 사업이었다. 이 대사업을 이갑의 신민회 동지였던 이회영 6형제가 해낸 것이다.

---

30) 삼한갑족(三韓甲族): 대대로 문벌이 높은 명문가문을 일컬음.

청사에 남을 이름, 이청천

　김광서와 지석규가 합류하자, 신흥무관학교 관계자들은 뛸 듯이 기뻐했다. 가뜩이나 교관이 부족한 판에, 일본 육사에서 정규교육을 받은 유능한 장교 두 사람이 제 발로 찾아왔으니 아마도 천군만마를 얻은 기분이었을 것이다. 특히 두 사람을 반긴 인물은 대한제국 육군무관학교 출신인 신팔균(申八均) 교관이었다. 김광서와 지석규는 신팔균과 함께 군사학 교관을 맡아 생도들을 일기당천(一騎當千)의 용사로 키워나갔다.

신팔균

　당시 독립투사들은 대부분 가명(假名)을 사용했

이청천(지청천)

다. 그들이 본명을 사용하지 않은 이유는 고국에 남겨진 가족들이 일본 관헌들에게 고초를 당하는 것을 방지하기 위해서였다. 세 교관도 가명을 쓰기로 했다. 김광서는 경천(擎天), 신팔균은 동천(東天), 그리고 지석규는 청천(靑天)으로 이름을 바꿨다. 지(池)씨가 희성(稀姓)인 까닭에, 지석규는 아예 성까지 어머니 성으로 바꿔 이청천(李靑天)으로 개명했다. 사람들은 곧 이 세 사람을 남만삼천(南滿三天)이라고 불렀다.

이후 이청천은 서로군정서(西路軍政署) 총사령관, 한국독립당군(韓國獨立黨軍) 총사령관 등을 맡아 수많은 전투에서 눈부신 전공을 세웠다. 또한 1940년 9월 17일에 창설된 광복군(光復軍)의 총사령관을 맡아 1940년대 항일무장투쟁을 총지휘했다.

광복 후에는 대한민국 초대와 제2대 국회의원, 초대 무임소장관 등으로 활약했다. 1957년에 69세를 일기로 병사했으며, 1962년에 건국훈장 대통령장이 추서되었다.

진짜 김일성 장군, 김경천

김경천(1888.~1942.)은 1919년 가을, 신흥무관학교를 떠나 무기를 구입하기 위해 러시아 연해주로 건너갔다. 러시아에서는 적군(赤軍)과 백군(白軍)의 내전이 한창이었다. 김경천은 적군의 편에 섰다.

연해주에는 19세기 말부터 이주해온 십 수만 명에 달하는 동포들이 있었다. 김경천은 조선인 청년들로 구성된 7백여 명의 병력을 이끌고 백군 및 국제간섭군으로 들어온 일본군을 상대로 치열한 격전을 벌였다. 한편으로는 조선인 교포를 괴롭히는 마적(馬賊)들을 소탕하기도 했다.

기병장교 출신답게 김경천은 항상 백마를 타고 병사들을 지휘했다. 이 때문에 사람들은 김경천을 '백마 탄 김 장군'이라고 부르기 시작했다. 신출귀몰하며 일본군을 괴롭힌 김경천의 위명(威名)은 연해주와 만주를 넘어 조선에까지 전해졌다.

일제 강점기 시절, 한반도에는 전설의 항일영웅 '김일성(金日成) 장군'에 대한 얘기가 광범위하게 퍼져 있었다. 하지만 김일성(金日成) 장군은 수많은 무용담과 일화를 남겼으면서도 신원(身元)이 밝혀지지 않은 '전설적인 인물이었다. 한마디로 실체가 불분명한 인물이라는 얘기다.

이런 이유로 김일성(金日成) 장군이 실존했던 인물인가? 실재했다면 과연 누구인가? 에 대한 의견이 분분했다. 그러던 중 1974년에 김일성(金日成) 장군에 대한 다양한 전설과 증언을 체계적으로 정리한 '김일성(金日成) 열전'이라는 책이 출간됐다.

이 책의 저자 이명영(李命英) 박사는 김일성(金日成)은 가공의 인물이 아니라 실존했던 인물이며, 그에 대한 전설은 한 사람의 것이 아니라 두 사람의 것이 합쳐졌다고 주장한다. 즉 두 사람의 활약상이 한 사람의 이름으로 합쳐져 전설처럼 전해졌다는 것이다. 그리고 그의 주장은 학계의 정설이 되어 있다.

이명영 교수가 지목하는 첫 번째 인물은 본명이 김창희(金昌希)인 함경남도 단천(端川) 출신의 의병장 김일성(金一成)이다.

> 김일성(金一成) 장군의 무용담이라 해서 전해지는 이야기는 다 쓸 수 없다. 그에 관한 기록으로는 애국동지회 편(編) '한국독립운동사'(1956년 발행)에 '김일성은 1888년 단천에서 출생했으며, 1907년에 기의(起義: 의병을 일으킴)하여 백두산을 중심으로 항일 활동하여 10년을 계속하다가 1926년에 전몰하다.'라고 쓰여 있다.
>
> - 중략 -
>
> 또 하나의 기록은 1968년에 출판된 함경남도지(咸鏡南道誌)에서도 볼 수 있다. 여기에는 '김일성(단천 출신). 1907년(丁未)에 의거(義擧)를 일으켜서 항일투쟁을 전개 순몰(殉歿)하실 때까지 백두산을 중

심으로 수십 차 일본군과 격전, 신출귀몰하는 전법으로 많은 전과를 거두어 일인들의 간담을 서늘하게 하였다. 1926년(丙寅)에 민족투쟁사에 찬란한 빛을 남기고 순몰하였다.'라고 적혀 있다. 이 기록은 전기(前記) 애국동지회의 기록과 같은 내용이다.

이상 모든 증언과 기록들을 종합할 때 김일성 장군은 백두산 근처의 산악지대를 근거지로 해서 소부대유격대활동(小部隊遊擊隊活動)을 하다가 1920년대 후반기에 세상을 떠난 것이라고 이해할 수 있겠다.[31]

두 번째 인물은 김경천이다. 김일성(金日成) 장군에 대한 수많은 무용담과 일화들에서 공통적으로 거론되는 것이 '김일성(金日成) 장군은 일본 육사 출신으로 백마를 타고 다녔다.'는 것인데, 수많은 증언과 기록들을 분석해 봤을 때 그 인물이 바로 김경천이라는 것이다.

김광서는 만주로 망명해서부터는 김경천이란 별호를 썼으나 노령(露領: 러시아)에 들어가서부터는 김일성(金日成)이란 이름을 썼다. 노령에서 김일성은 한인청년들을 묶어 항일무장운동을 벌였는데 그의 대원들은 노령 출신도 있었으나 서북간도(西北間島) 출신이 더욱 많았다. 1920년에 있었던 일제의 간도 출병 후, 서북간도의 청년들은 많이 노령에 들어가 항일부대에 투신했었다. 김일성은 적군(赤軍)과 연합하여 시베리아에 출병해온 일군 및 그와 연합한 러시아의 백군(白軍)을 상대로 많은 혈전을 벌였으며 때로는

---

31) 이명영, 「김일성열전」, PP. 50-51.

적군부대까지 휘하에 넣고 지휘하기도 하면서 한국독립군의 용명을 떨쳤다.[32]

일본군 기병 중위 시절의 김경천

---
32) 이명영, 「김일성열전」, P. 377.

1911년 무렵, 아내 유정화와 기념사진을 찍은 김경천 (출처: 경천아일록)

위의 사실들은 조선군사령부(朝鮮軍司令部) 참모부가 작성한 '연해주 방면 정세보고문서'(1922년 5월 23일자), '노령방면 불령선인(不逞鮮人)의 정황'(1923년 7월 5일자) 등 수많은 일본군 문서에 기록되어 있다.

또한 동아일보를 비롯하여 조선일보, 매일신보 등 국내 신문에 보도된 수많은 기사들을 통해서도 확인할 수 있다. 1920년대에 국내 신문에 보도된 독립운동가 중 가장 많이 소개된 사람이 김경천이다. 심지어는 기자가 김경천을 직접 찾아가 인터뷰를 한 기사가 있을 정도다.

> 해외에 있던 독립운동투사로서 국내 신문기자와의 인터뷰기사에 실린 사람은 오직 김광서를 빼고는 전무후무(前無後無)하다. 1923년 7월 27일자 동아일보(東亞日報)는 한 면을 그와의 인터뷰기사로 완전히 메워놓고 있다.
> '빙설 쌓인 서백리아(西伯利亞: 시베리아)에서 홍백전쟁(紅白戰爭)한 실제경험담 아령(俄領: 러시아) 조선군인 김경천'이란 제호하의 이 장문의 기사는 그가 일군 장교로 있다가 독립운동을 위해 국내를 탈출하던 동기로부터 시작되어 있다. 적군과 연합하여 일군 및 백군과 전투하던 일, 수청(水淸)지방의 마적 고산(告山)의 패를 비롯하여 각 지방의 마적들을 소탕하여 동포사회를 보호하던 일, 사랑하던 부하의 죽음으로 슬펐던 일, 적설(積雪)의 산속에서 의식(衣食)을 결(缺)하던 일 등 김광서의 투쟁기는 눈물 없이 읽을 수가 없다.
> "……미국이 독립전쟁을 할 때에 겨울에 맨발을 벗고 얼음 위를 지나가니 얼음에 발이 베어져 발자국마다 피가 흘렀다더니, 우리

군사도 이 때 발자국마다 피가 괴었소. 그러나 사람 없는 산천에 보이는 것은 망망(茫茫)한 백설(白雪)과 하늘뿐인데 깎아지른 듯한 산을 지날 때에 불국명장(佛國名將) 나폴레옹의 알프스산 넘던 행군을 연상하였소. 달 밝은 밤에 눈 위로 행군하는 우리 모양은 완전히 한 예술(藝術)이요, 그림이었소……."[33]

이명영 박사는 또한 김경천과 같은 시대에 활동했던 사람들을 만나 직접 인터뷰한 증언들도 소개하고 있다.

> 김광서의 3년 후배인 김준원(金埈元: 이청천·이응준 씨와 동기이며, 전(前) 국방장관 김정렬 씨의 선친)은 김광서가 바로 김일성(金日成) 장군이라고 생전에 확언했다.
> – 중략 –
> 한국사회주의운동의 초기 계몽가였으며 해방 후엔 한국민주당 조직부장이었던 김약수(金若水)는 김광서가 독립운동을 위해 만주로 탈출할 때 그의 탈출을 도왔던 사람이며, 김약수 자신도 만주 등지를 돌아다니며 독립운동을 했던 사람인데, 그도 김광서가 김일성 장군이었다고 했다. 이 말은 '해방 전후의 조선진상(朝鮮眞相)'(1945년 12월 출판)이란 책의 저자인 김종범(金鍾範)으로부터 들은 증언이다.
> 김종범 자신도 전기 책 속에 김광서가 김일성 장군이라고 기록해 놓고 있다. 김종범도 1920년대에 만주의 길림 등지에서 독립운동

---

33) 이명영, 「김일성열전」, PP. 65-66.

을 했던 사람이라서 저간의 사정에 밝았다.

그는 해방 후엔 김약수 밑에서 한민당(韓民黨) 조직부 간부로 있었다. 이 책은 김종범·김동운 공저로 돼있다. 김동운(金東雲)은 일제 때 봉천영사관(奉天領事館)의 고등계(高等係) 형사(刑事)로 있었다. 그래서 그는 독립운동의 내막에 밝았다.[34]

  광복 후, 소련을 등에 업고 북한의 정권을 장악한 '가짜 김일성' 김성주(金成柱, 1912.~1994.)는 결국 김창희와 김경천 두 사람의 명성과 업적을 도용(盜用)한 셈이다.

  1922년, 러시아 내전에서 적군이 승리했다. 국제간섭군으로 출병했던 일본군이 철수하자, 적군은 태도를 바꿔 함께 싸웠던 조선인 부대들의 무장을 해제시켰다. 당시 만주지역의 독립군들은 일본의 압력을 받은 중국 군벌(軍閥)들에 의해 모두 쫓겨난 상황이었다. 게다가 러시아에서도 무장해제를 당했으니, 조선 독립군이 무장투장을 전개할 곳은 그 어디에도 없었다.

  독립투쟁의 꿈이 좌절된 김경천은 실의의 나날을 보냈다. 한동안 김경천은 러시아로 찾아온 처자식들과 함께 농사를 지으며 야인생활을 했다. 1932년에 다시 사회로 나와 하바롭스크 시(市) 정치부 직원으로 일하다가, 블라디보스토크로 이주하여 고려사범대학에서 일본어와 군사학을 가르쳤다.

---

34) 이명영, 「김일성열전」, PP. 58-59.

1939년, 카자흐스탄 까라간다 수용소에
수감된 김경천 (출처: 경천아일록)

    1937년, 스탈린이 연해주 지역에 살고 있던 16만 명에 달하는 조선인들을 모두 중앙아시아로 강제 이주시켰다. 김경천의 가족도 중앙아시아의 카자흐스탄으로 이주되었다. 하지만 김경천은 가족과 함께 갈 수 없었다. 이주에 앞서 소련 당국은 조선인들의 반발을 막기 위해 1천 명이 넘는 지도자와 지식층을 처형하거나 구속했는데, 김경천도 1936년 가을에 간첩죄 누명을 쓰고 체포되었던 것이다.

    2년 6개월 만에 석방된 김경천은 1939년 3월, 카자흐스탄에 있는 가족에게 돌아갔다. 하지만 불과 한 달 후인 4월 5일, 다시 체포되어 강제노동수용소 수감 8년형을 언도받았다.

    북부 시베리아 코미 자치공화국의 북부철도수용소로 이송되어 철도노역을 하던 김경천은 1942년 1월, 영양실조로 인한 심장질환으로 사망했다. 조국의 광복을 불과 3년을 남겨놓은 시점에서 54세의 아까운 나이로 영웅적인 삶을 마감한 것이다.

이후 유족의 탄원을 받아들여 재심을 한 소련 정부는 1956년(1936년 사건)과 1959년(1939년 사건)에 무죄를 선언했다. 1998년 8월 15일, 대한민국 정부는 김경천에게 건국훈장 대통령장을 추서했다.

이갑의 사위가 되다

1920년 1월 12일, 이응준은 이갑의 고향집에서 이정희와 결혼식을 올렸다. 당시 일본군 장교가 결혼을 하려면 육군대신의 허가를 받아야 했다. 하지만 이응준은 허가를 요청하지 않고 결혼식을 올려버렸다. 군법을 위반한 것이다. 독립투사의 딸과 결혼한다고 하면 허가가 나오지 않을 것이 명백했기 때문이었다.

이 결혼식은 단순히 이정희라는 여인의 남편이 되었다는 것 이상의 의미를 가지고 있었다. 이미 세상을 떠났지만, 아직도 조선인들이 존경하는 민족의 선각자 '이갑의 사위'가 된 것이다. '이갑의 사위'라는 타이틀은 이응준에게 일종의 면죄부를 주었다. 비록 일본군 장교의 신분이었지만, 이후 이응준이 수많은 애국지사들과 교유(交遊)할 수 있었던 것은 순전히 이갑 덕분이었다.

신혼의 달콤함은 오래가지 않았다. 결혼식을 올린 지 6일 만에 평양 헌병대에서 이응준을 소환했다. '독립군에게 권총을 대여하여 독립자금 모금을 공모했다.'는 것이 소환 이유였다. 8개월 전에 이응준의 권총을 훔쳐갔던 최성수 때문이었다. 한 재산가에게 독립자금을 내놓으라고 위협하다가 경찰에 체포된 최성수가 이응준에게 권총을 빌렸다고 진술한 것이다.

이응준은 혐의를 극구 부인하며 최성수와의 대질심문을 요구했다. 헌병대장 앞에서 이응준과 대질한 최성수는 "사실은 권총을 빌린 것이 아니라 훔쳤다."고 순순히 털어놓았다. 공모 혐의를 벗긴 했으나, 권총을 분실했을 때 바로 신고하지 않았기 때문에 징계를 피할 수는 없었다.

헌병대장은 일단 이응준을 훈계 방면하고 상부기관인 조선군사령부에 사건에 대해 보고했다. 1주일 후, 헌병대장이 이응준을 다시 소환하여 '즉시 출두하라.'는 조선군사령부의 지시를 하달했다. 이응준은 군복을 벗을 각오를 하고 경성으로 향했다.

이응준이 용산(龍山)에 위치한 조선군사령부에 출두하자, 사령관의 부관이 조선군사령관 우쓰노미야(宇都宮太郎) 대장(大將)의 집무실로 안내했다. 이응준이 부동자세로 경례를 하자 우쓰노미야 사령관이 손으로 소파를 가리키며 앉으라고 했다. 우쓰노미야의 태도는 은근하고 우호적이었다. 의외였다.

"신혼을 축하하네, 그래 재미는 어떤가?"

일개 중위가 육군 대장 앞에서 무슨 말을 하겠는가, 묵묵부답(默默不答)일 수 밖에. 우쓰노미야가 뜬금없이 말머리를 돌려 3·1독립만세운동에 대해 언급했다.

"이번 만세소동은 우월감에 젖은 일본인들이 조선인들을 천대해서 생긴 일이라고 생각하네. 하지만 대국적 관점에서 일본인과 조선인이 서로 싸워서는 안 되지."

우쓰노미야는 책상위에 커다란 지도 한 장을 펼치며 말을 이었다.

"내가 영국대사관부 무관이었던 대위 때 만든 지도인데 한 번 보게나."

지도는 백색인종(白色人種)과 유색인종(有色人種)의 세력분포를 색깔로 구분한 세계지도였다. 세계 대부분이 백색인종의 세력권에 들어가 있었다.

"보다시피 지금 전 세계의 대부분을 백색인종들이 점령하고 있네. 사정이 이러하니 동양의 3형제인 일본과 조선, 중국도 분발해야 하지 않겠는가. 3형제가 강도에 몰려 도망을 치다가 큰 하천(河川)을 만났다고 가정해보세. 3형제 모두가 수영에 능해야 살아남지 않겠는가. 현재 수영에 능한 나라는 일본뿐이야. 그러니 조선과 중국은 불만이 좀 있더라도 자력갱생의 실력을 쌓을 때까지 참아야 하지 않겠나. 이 군도 속히 본대(本隊)로 돌아가 원대한 목표를 향해 계속 노력해주기 바라네."

한마디로 일본이 동양의 약소국들을 식민지화하는 것은 정당하다는 궤변이었다. 후일 일본 군부는 이 궤변을 대동아공영권(大東亞共榮圈)[35] 이론으로 확대하여 태평양전쟁을 일으키게 된다.

3·1운동이 일어나자, 일본 정부는 그 원인이 조선인들에 대한 무단

---

[35] 대동아공영권(大東亞共榮圈): 일본을 중심으로 조선과 중국은 물론 동남아시아의 나라들까지 공동경제권으로 만들어 서양열강에 대항해야 한다는 터무니없는 주장이다.

통치에 있다고 결론을 내렸다. 이에 일본은 조선인들을 달래고 회유하는 쪽으로 정책의 방향을 틀었다. 일명 '문화통치'였다. 우쓰노미야 또한 이응준에게 채찍 대신 당근을 안기려고 했던 것이다. 이응준이 입을 열었다.

"각하의 의견에 동의하여 경의를 표하는 바입니다만, 건강상의 이유로 군직(軍職)에서 물러나려고 합니다. 허락해주십시오."

친구 지석규와 약속을 지키지 못한 것에서 오는 양심의 가책, 권총 분실사고로 인한 심적인 부담감, 그리고 고질적인 위장병 때문에 생긴 심신미약 등이 복합적으로 작용해 차라리 군복을 벗고 일반사회로 진출하자는 생각이 들었던 것이다.

무엇보다도 지석규에 대한 양심의 가책이 가장 큰 이유였던 것으로 보인다. 독립운동을 위해 만주로 가자니 내키지 않고, 일본군으로 살자니 민족을 배반한 것 같고, 이도 저도 부담스러울 바에는 이참에 군복을 벗고 속 편하게 살자는 마음이 생겼던 것으로 보인다.

"병이라면 군대에 있거나 군대에서 나가거나 어차피 고쳐야 되는 것이 아닌가. 이왕이면 군대에 있으면서 병을 고치도록 하지."

이응준이 재차 간청했다.

"병으로 인해 군 복무를 성실히 못 하게 되면 다른 장교들에게 누를 끼치게 됩니다. 차라리 군직에서 물러나는 것이 옳지 않겠습니까."

"동료를 배려하는 정신은 아주 아름다운 정신이지. 그렇다면 내 밑에서 일하면서 병을 고치도록 하게. 우선 본대로 돌아가 있게. 상부에 얘기하여 곧 조선군사령부로 발령을 내겠네."

 김광서와 지석규가 만주로 탈출하자, 일본군 수뇌부는 나머지 조선인 장교들이 동요할까봐 고심했다. 오랜 기간 막대한 예산을 들여 키워낸 군사전문가들이 일본에게 총부리를 돌린다면 곤란한 일이 아닐 수 없었다. 그런 까닭에 우쓰노미야도 이응준을 달랬던 것이다.

 권총 분실사건은 불문에 부쳐졌고, 육군대신의 허락 없이 결혼을 한 문제도 경근신(輕謹愼) 3일로 마무리되었다. 1920년 3월, 도쿄 보병 3연대로 원대 복귀했던 이응준은 한 달 후 조선군사령부에 배속되었다.

 우쓰노미야는 이응준에게 파격적인 대우를 해주었다. 관사도 마련해주었고, 경성 육군위수병원에서 위장병 치료를 받으면서 근무하도록 신경을 써주었다. 가끔 자신의 집무실로 이응준을 불러 집에서 싸온 도시락을 나눠먹기도 했다. 두 달 동안 지방을 초도순시할 때도 이응준을 수행원으로 데리고 다녔다.

 그해 8월, 건강이 나빠진 우쓰노미야가 일본으로 돌아가게 된다. 귀국을 며칠 앞둔 어느 비오는 날 밤, 우쓰노미야가 돌연 이응준의 집을 방문했다. 우쓰노미야는 떠나기 전에 석별의 정을 나누려고 왔다고 했다. 끝까지 이응준을 배려한 것이다. 이응준은 몹시 감격했다.

 사실 이응준은 우쓰노미야가 자신에게 특별대우를 하는 것이 조선인을 회유하려는 정책의 일환이라는 것을 잘 알고 있었다. 하지만 그는 결국 우쓰노미야의 노회한 술수에 순응하고 만다. "그동안 내가 겪어본 그 많은 일본인들 중에서 우쓰노미야와 같은 생각과 행동을 보인 사람은 거의 없었다." 이응준의 회고록에 나오는 내용이다.

1920년 당시, 조선에 주둔한 일본 육군 사단은 19사단과 20사단 2개 사단이었다. 4개 연대로 편성된 20사단 사령부는 경성 용산에 위치하고 있었고, 예하 78연대와 79연대도 역시 용산에 있었다. 나머지 2개 연대 중 77연대는 평양에, 80연대는 대구에 배치되어 있었다.

한편, 19사단 사령부와 예하 2개 연대(75,76연대)는 함경북도 나남(羅南)에 주둔하였으며, 함경북도 회령(會寧)에 73연대, 함경남도 함흥(咸興)에 74연대가 배치되어 있었다.

우쓰노미야가 떠난 후, 이응준은 제20사단 예하 제79연대(현재 전쟁기념관 자리)에 배속되어 계속 그곳에서 복무하게 된다. 1925년, 대위로 진급하여 대대부관과 중대장으로 복무하였고, 1931년에 소좌(少佐: 소령)로 진급한 후에는 연대참모와 대대장으로 복무했다.

일본군 소좌 시절의 이응준

불타는 중국대륙

 1936년, 중좌(中佐: 중령)로 진급하면서 1년여 동안 경성의학전문학교와 경성약학전문학교의 배속장교(配屬將校)로 근무하던 이응준은 1937년에 중국전선으로 출동하게 된다. 일본이 중국을 상대로 전쟁을 일으켰기 때문이다.

 호시탐탐 중국 대륙을 침략할 기회를 엿보던 일본은 1931년 9월 18일, 만주에서 전쟁을 일으켜 중국의 동북지방을 점령했다. 그리고 1932년 3월 1일, 청나라의 마지막 황제였던 선통제(宣統帝) 부의(溥儀)를 전면에 내세워 점령지역에 만주국(滿洲國)이라는 괴뢰정부를 세웠다. 사실상 일본의 식민지였다.

 일본은 거기에서 만족하지 않았다. 1937년 7월 7일, 마침내 중일전쟁(中日戰爭)을 일으켜 본격적으로 대륙을 침략하기 시작한 것이다. 당시 중국 대륙은 장개석(蔣介石)의 국민당(國民黨: 1919년 10월 10일 창당)과 모택동(毛澤東)이 이끄는 공산당(共産黨: 1921년 7월 1일 창당) 사이의 내전으로 혼란한 상황이었다. 하지만 일본군이 쳐들어오자, 국민당과 공산당은 1937년 9월 22일, 제2차 국공합작(제1차는 1924년 1월)을 하고 공동으로 항일투쟁에 나섰다.

개전 초기, 일본군은 승승장구했다. 7월 30일, 북경(北京)과 천진(天津)을 함락하였고, 11월 12일에는 중국 최대의 항구도시인 상해(上海)를 손에 넣었으며, 12월 14일에는 중국의 수도 남경(南京)까지 점령했다.

전쟁을 오래 끌면 끌수록 자신들이 불리하다는 것을 잘 알고 있던 일본군은 중국군의 주요보급로를 차단하여 중국군을 봉쇄하려고 했다. 1938년 5월 19일, 철도 요충지인 서주(徐州)를 점령했으며, 10월 27일에는 호북성(湖北省) 군사·교통의 중심지인 무한(武漢)까지 손에 넣었다.

1938년 말까지 일본은 광동(廣東)에서 산서(山西)에 이르는 남북 10개 성(省)과 해안 주요 도시들을 거의 장악했다. 하지만 곧 일본군의 한계가 드러났다. 중국군이 드넓은 대륙의 이점을 활용하여 곳곳에서 끈질기게 게릴라전을 펼쳤기 때문이다. 일본군은 점차 주요도시와 보급로인 철도를 지키는데 급급하게 됐고, 결국 전쟁은 장기전(長期戰)의 수렁에 빠지게 된다.

중일전쟁이 일어나자 경성의 20사단에게도 출동명령이 떨어졌다. 20사단은 천진을 거쳐 북경 서쪽 산서성(山西省) 방면으로 진출하여 중국군과 전투를 벌였다. 20사단사령부 참모부에 소속된 이응준이 처음 맡은 임무는 일선부대에 사령부의 명령을 전달하는 한편, 일선부대의 상황을 사령부에 보고하는 연락 임무였다. 얼마 후에는 현지 중국인들의 민심을 안정시키는 선무공작(宣撫工作)도 맡게 되었다.

1938년 1월, 이응준은 북경의 북지파견군사령부(北支派遣軍司令部)로 전임되어 병사(兵事) 업무를 담당하게 된다. 천진과 북경, 청도(靑島), 장가구(張家口) 등 북지(北支: 북중국을 말함)에는 적지 않은 일본인들이 진출해있었다. 이응준이 맡은 임무는 그들 중 징병 적령자(適齡者)를 선발하여 현지에서 신병교육을 시키는 일이었다.

한편, 경성에서는 이응준의 부인 이정희가 도산 안창호를 간병(看病)하고 있었다. 1910년에 이갑과 함께 망명길에 올랐던 안창호가 다시 국내로 들어온 것은 1932년이었다. 미국과 중국을 오가며 독립운동을 하다가 1932년 4월, 윤봉길(尹奉吉) 의사의 '상해(上海) 홍구공원(虹口公園) 폭탄투척사건'으로 일본 경찰에 체포되어 경성으로 압송되었던 것이다.

안창호는 치안유지법위반 혐의로 4년형을 선고받고 복역하다가 1935년 2월에 가출옥하여 평양 근처 송태산장(松苔山莊)에서 요양했다. 이때 이응준은 종종 안창호를 방문하곤 했다. 일본군 장교의 신분으로 독립지사를 찾아가면 요주의 인물로 감시를 당할 것이 뻔한데, 이응준은 별로 개의치 않았다. 이갑과의 의리 때문이었을까? 궁금한 부분이다.

하지만 안창호는 1937년 6월, 수양동우회사건(修養同友會事件)[36]으로 체포되어 다시 수감생활을 하게 된다. 복역 도중 병세가 악화된 안창

---

36) 수양동우회사건(修養同友會事件): 일본이 1937년 6월부터 1938년 3월에 걸쳐 민족계몽운동 단체인 수양동우회와 관련된 181명의 지식인을 검거한 사건

호는 그해 12월에 가석방되어 경성대학병원(현재의 서울대학교병원)에 입원하게 된다.

도산 안창호가 출옥하자 그를 위안하기 위해 모인 사람들(중앙에 앉아 있는 사람이 안창호, 뒷줄 오른쪽에서 두 번째가 이응준)

1938년 2월 초, 이정희에게 한 통의 전화가 걸려왔다. 안창호의 조카 김순원(金順元)이었다. 안창호의 입원소식을 전해들은 이정희는 한달음에 병원으로 달려갔다.

"정희야, 네가 나를 돌봐줬으면 좋겠구나."

안창호의 간절한 부탁에 이정희는 눈물이 핑 돌았다. 아버지 이갑과 가장 친한 동지였던 안창호에게 친딸 노릇을 하겠다고 마음먹은 이정희는 이날 이후 안창호의 병상을 지켰다.

이정희가 병상을 지키기 시작한지 한 달이 조금 지난 1938년 3월 10

일 자정, 민족의 선각자 안창호가 영면에 들어갔다. 이정희는 아버지 이갑과 그의 평생 동지인 안창호, 두 사람 모두의 임종을 지켜본 것이다. 1962년 3월 1일, 대한민국 정부는 안창호에게 건국훈장 대한민국장을 추서했다.

　일본 당국은 안창호의 장례식을 철저히 통제했다. 혹시라도 있을 소요를 막기 위해 친족들만 장례식에 참석하도록 했다. 이정희도 장례식에 참석하지 못한 것은 물론이다. 이정희는 삼우제(三虞祭) 때에서야 묘소에 참배할 수 있었는데, 일본 경찰들이 참배객의 이름을 일일이 적어갔다고 한다. 이응준은 이 때문에 대좌(대좌: 대령) 진급이 1년 6개월 정도 늦어졌다고 회고록에 적고 있다.

　1939년 8월, 이응준은 홋카이도(北海島) 삿포로(札幌) 병사구사령부(兵事區司令部)로 좌천되었다. 병사구사령부는 장정(壯丁)의 징병검사와 예비군 동원계획 및 훈련을 담당하는 기관으로 우리의 병무청(兵務廳)에 해당된다. 1940년 8월, 대구병사구사령부로 전속되어 귀국한 이응준은 1941년 3월에 대좌로 진급했다.

태평양전쟁

1939년 9월 1일, 독일의 히틀러(Adolf Hitler)가 폴란드를 침공했다. 이에 영국과 프랑스가 독일에 선전포고를 하면서 제2차 세계대전이 발발했다. 하지만 독일은 파죽지세로 유럽을 잠식해나갔다.

1940년 4월, 덴마크를 점령한 독일은 이어 노르웨이·벨기에·네덜란드·룩셈부르크를 차례로 점령했으며, 6월 22일에는 프랑스정부로부터 항복을 받아냈다. 상황이 이에 이르자 이탈리아가 독일에 가담했다.

네덜란드와 프랑스가 독일에게 항복하자 동남아시아에는 힘의 공백 상태가 형성되었다. 프랑스령 인도차이나반도(현재의 베트남, 라오스, 캄보디아)와 네덜란드령 인도차이나(현재의 인도네시아)가 주인을 잃었기 때문이었다.

중일전쟁의 늪에 빠져 경제적인 어려움을 겪고 있던 일본군이 이 상황에 주목했다. 1940년 9월 23일과 24일, 일본이 프랑스령인 인도차이나반도 북부를 점거했다. 이어 일본은 9월 27일, 독일·이탈리아와 함께 '3국 동맹'을 체결하고 제2차 세계대전에 본격적으로 뛰어들었다.

이에 미국이 일본에 대한 제재(制裁)에 나섰다. 미국 내의 일본 자산을 동결하는 한편, 일본에 대한 석유수출을 금지하는 등 통상(通商)을 금지하였다. 이에 발끈한 일본군 수뇌부는 미국과의 전쟁을 결심하게 된다.

1941년 12월 7일, 일본 해군 연합함대가 태평양을 넘어 미국 하와이의 진주만을 기습하였다. 태평양전쟁이 발발한 것이다. 진주만 기습은 돌이킬 수 없는 악수(惡手)였다. 미국을 잘못 건드린 일본은 패망의 길로 접어들게 된다.

진주만을 공격하는 것과 때를 같이하여 일본 육군은 본격적으로 동남아시아를 침공하기 시작했다. 1942년 초, 말레이반도·필리핀·싱가포르·수마트라·자바·버마(현재의 미얀마) 등이 차례로 일본군의 손에 넘어갔다. 하지만 거기까지였다.

1942년 6월, 미드웨이 해전에서 미국 함대가 승리함으로써 전세는 역전되었고, 태평양 곳곳에서 일본군이 밀리기 시작했다. 태평양전쟁에서 미국에 참패를 당하면서 일본군의 선력은 급격히게 쇠퇴했다. 중국 전선에 투입된 일본군 또한 독 안에 든 쥐 꼴이 되고 말았다.

미드웨이해전이 벌어지던 1942년 6월, 이응준이 다시 중국전선으로 전출됐다. 전출지는 산동성(山東省) 제남(濟南)에 주둔하고 있던 제1군사령부 예하 독립 제7여단이었다.

천진에서 제남으로 가는 열차에 몸을 실은 이응준은 창밖을 내다보다가 깜짝 놀랐다. 사람이 접근하지 못하도록 철로 양편으로 엄청난 규모의 호(壕: 도랑, 해자)를 파놓았던 것이다. 당시 중국군은 일본군의 보급선을 끊기 위해 끊임없이 철로를 파괴하는 전술을 썼다. 이에 고심하던 일본군이 중국 국민들을 동원하여 철로 양편으로 대호(大壕)를 만들었던 것이다.

'일망무제(一望無際)의 대륙을 가로지르는 철로 주변에 온통 호를 파놓다니.' 그 대공사에 동원되었을 중국인들을 생각하면서, 외국 군대에게 침략 당한 백성들이 얼마나 희생을 강요당하는지 다시금 공감했다고 한다.

독립 제7여단 사령부부(司令部附)로 근무하던 이응준 대좌는 1943년 봄, 청도(靑島) 교육대장으로 부임했다. 북중국 주둔 각 부대에 보낼 장정들을 교육할 교육대가 청도에 신설되었는데, 초대 교육대장으로 발령을 받은 것이다. 일본군은 병력의 한계에 부딪혀 부심하고 있었다.

5개월 정도 교육대장을 지낸 후에는 금주정거장사령관(錦州停車場司令官)을 지냈다. 정거장사령부는 수송 업무를 담당하는 기관으로, 금주(錦州)는 만주와 경진(京津: 북경과 천진)지방의 길목에 위치한 요충지였다. 이응준의 임무는 북중국에 주둔하고 있는 일본군에게 보급품을 수송하는 일이었다.

1944년 봄에는 경성 용산정거장사령관으로 전임하였다. 용산정거장 사령부는 만주와 북중국에 병력과 보급품을 보내는 일을 관장했다. 용산정거장을 거쳐 만주로 수송되는 보급품이 나날이 줄어들고 있었다. 이응준은 일본의 패망이 눈앞에 다가오고 있음을 절실히 느낄 수 있었다.

 태평양전쟁이 후반으로 접어들면서 미군이 대한해협까지 출몰하여 부산과 시모노세키(下關) 간의 항로마저 위협받게 되었다. 1943년 10월, 관부연락선(關釜連絡船) 중 하나인 곤론마루(崑崙丸)가 미 해군 잠수함의 어뢰 공격을 받아 승객과 승무원 600여 명이 모두 수장당하는 사건이 발생했다. 이후에도 미 해군의 어뢰와 기뢰 공격이 이어지면서 시모노세키해협이 거의 봉쇄되었다.

 이에 일본군 당국은 1945년 6월 20일, 부산에 있던 수송기지를 원산으로 옮겼고, 이응준을 원산기지 수송관에 임명했다.

원산에서 맞은 광복

1945년 8월 6일과 9일, 미국이 일본의 히로시마(廣島)와 나가사키(長崎), 두 도시에 원자폭탄을 투하했다. 단 1발로 도시 전체를 초토화시키는 가공할 원자폭탄의 위력 앞에 일본은 전의를 상실했다.

한편, 그동안 극동 진출의 기회만 엿보고 있던 소련이 8월 8일, 일본에 선전포고를 하고 대일전에 뛰어들었다. 소련군은 공군을 동원하여 북한의 나진과 청진, 웅기 등을 폭격하는 한편, 지상군을 두만강 방면으로 진격시켰다.

원자폭탄 투하와 소련의 참전에 일본은 더 이상 버틸 재간이 없었다. 마침내 8월 15일 정오, 일본국왕 히로히토가 라디오 방송을 통해 미국을 비롯한 연합군 측에게 무조건 항복을 선언했다. 이로써 35년 동안 지속된 일제강점기가 종지부를 찍었고, 우리 민족은 다시 자유의 빛을 찾았다.

원산에서 광복을 맞은 이응준은 급히 가족을 서울로 보내고, 사후 처리에 나섰다. 원산항 부두에는 군수품이 산처럼 쌓여있었다. 수송관으로서 군수품을 남겨놓은 채 몸을 피할 수는 없었다.

8월 21일 아침, 이응준은 지역유지들을 원산역사(元山驛舍)로 소집하여 군수품을 어떻게 처리해야 할지 회의를 열었다. 회의가 막 시작되려는 순간, 철도 직원 한 사람이 헐레벌떡 달려와 급보를 전했다. 소련군이 원산에 상륙했다는 소식이었다.

'이렇게 빨리?' 이응준은 몹시 놀랐다. 만사휴의(萬事休矣)였다. 승전국 소련군이 진주했으니 군수품은 그들의 전리품이 될 것이다. 그리고 그들에게 잡히면 전쟁포로가 되고 만다. 빨리 몸을 피해야 했다.

이응준이 정거장(停車場)으로 달려가 보니, 움직일 수 있는 기관차(機關車)는 단 1대밖에 없었다. 그동안 인심을 잃지 않았던지, 역무원 한 사람이 급히 한 대 남은 기관차에 객차를 연결하여 이응준이 탈 수 있도록 도와주었다. 간발의 차이로 원산을 벗어난 이응준은 8월 22일 새벽, 서울에 도착했다.

돌아온 군인들

해외 곳곳에 뿔뿔이 흩어졌던 동포들이 고국으로 돌아왔다. 강제징병이나 징용으로, 혹은 독립운동을 위해 타향살이를 할 수밖에 없었던 동포들이 내 나라 내 땅으로 돌아오기 시작한 것이다. 해외에서 활동하던 민족 지도자들도 이 대열에 합류했다.

하지만 한반도의 상황은 우리 민족의 열망과는 다르게 전개되고 있었다. 승전국인 소련과 미국이 38도선을 중심으로 각각 군정(軍政)을 실시하기로 합의했던 것이다.

치스차코프(Ivan Chistiakov) 대장이 지휘하는 소련군 제25군이 1945년 8월 22일, 평양에 입성했다. 먼저 38도선 북쪽 지역에 진주한 소련군은 일본군을 무장 해제시키고, 공산주의 정부를 세우는 작업을 차곡차곡 진행시켜나갔다. 한편으로는 소련군과 중국 팔로군 출신의 조선인 군사 경력자들을 내세워 군대를 만들기 시작했다.

한편, 미군이 아직 진주하지 않은 남한 지역은 무질서가 극에 달했다. 정권을 잡기 위한 유력 인사들의 정당 창당이 봇물을 이루었고,

공산주의와 민주주의를 표방하는 좌익(左翼)과 우익(右翼) 간의 세력다툼이 극심했다.

또한 전국 각지에서 사설 군사단체가 조직되기 시작했다. 광복과 함께 귀국한 군사 경력자들, 즉 중국, 일본, 만주 등지에서 군 생활을 했던 사람들이 군사단체를 조직하여 창군(創軍)의 선봉이 되고자 했던 것이다. 1945년 11월의 통계에 의하면 미 군정청에 등록한 군사단체의 수만도 30여 개에 달했다. 하지만 군사단체들 또한 좌익과 우익으로 나뉘어 첨예하게 대립했다.

안암동(安巖洞) 이응준의 저택에도 군사 경력자들이 모여들기 시작했다. 일본 육사 26기 김준원, 박승훈, 신태영, 안병범, 유승렬, 이대영, 그리고 27기 김석원, 백홍석 등이 그들이었다. 대한제국의 마지막 무관생도였던 이들은 50대 중반의 원로들이었다. 계림회(鷄林會) 회원들도 모여들었다. 계림회는 일본 육사 49기부터 61기까지로 구성된 친목단체로서 채병덕(蔡秉德, 49기)을 중심으로 하는 소장파 그룹이었다.

이들 군사 경력자들은 조선임시군사위원회(朝鮮臨時軍事委員會)를 조직하고 이응준을 위원장으로 내세웠다. 그렇지만 이응준은 "어제의 일본군 장교가 양심상 창군에 앞장설 수 없다."며 실질적인 활동은 하지 않았다.

미군정의 시작

미군이 한반도 남쪽에 진주한 날은 9월 8일이었다. 한반도에서 가장 가까운 오키나와에 주둔하고 있던 미 제24군단 선발대(군단 지휘부와 제7사단)가 인천에 상륙한 것이다. 미군은 그다음 날인 9월 9일 오전 8시경, 시민들의 열렬한 환영을 받으며 서울로 들어왔다.

이날 오후 4시, 조선총독부 제1회의실에서 미군과 일본군 간에 항복문서 조인식이 거행되었고, 이어 주한 미 육군사령부가 발족되었다. 주한 미 육군사령부는 미 육군 제24군단과 그 예하부대(6사단, 7사단, 40사단)로 구성되었다. 사령관은 제24군단장 하지(John R. Hodge) 중장이었으며, 제7사단장 아놀드(Archibald V. Arnold) 소장이 군정장관(軍政長官)에, 쉬크(Lawrence E. Schick) 준장이 경무국장(警務局長)에 임명되었다. 미군에 의한 군정이 시작된 것이다.

중국 중경(重慶)에 있던 대한민국임시정부에서는 미 군정청(軍政廳)에게 임시정부의 정통성을 주장했다. '임시정부는 대한제국(大韓帝國)의

하지 중장

법통을 계승한 유일한 합법정부이다. 따라서 광복이 된 지금 한반도의 정권은 당연히 임시정부가 인수해야 한다.'는 내용이었다.

하지만 미군정은 그 주장을 받아들이지 않았다. 미군정의 목표는 남북한 총선거를 통해 합법적인 정부를 수립하고, 새 정부가 수립되는 즉시 철군한다는 것이었다.

그런데 그 목표가 쉽지 않아 보였다.

소련이 장악하고 있는 한반도 북쪽은 차치하고라도, 남한지역에 우후죽순처럼 생겨난 정당들이 저마다 정통성을 주장하고 있었다. 게다가 이 정치세력들은 좌익과 우익으로 양분되어 있었으며, 우익계조차 여러 계파로 갈라져 있었다.

미군정의 입장에서 볼 때 임시정부는 여러 정파 중의 하나였을 뿐이었다. 임시정부 요인들은 국민들의 환영을 받으며 단체로 귀국하기를 원했다. 하지만 미군정의 생각은 달랐다. 만약 그렇게 되면 미군정이 임시정부를 공식적으로 인정하는 것처럼 보일 것이 아닌가. 그 점을 우려한 미군정은 임시정부 요인들의 단체귀국 요구도 받아들이지 않았다.

그것은 군(軍)의 경우 또한 마찬가지였다. 임시정부 측은 임시정부의 국군인 광복군을 근간으로 하여 국군을 창설해야 한다고 주장했지만, 미군정은 한반도에서 군대를 창설할 생각이 전혀 없었다. 국군은 향후 선거를 통해 수립될 합법정부가 창설할 일이고, 그때까지는 국내치안을 담당할 경찰병력만 유지하면 된다는 것이 미군정의 정책이었다.

결국 김구 주석을 비롯한 임시정부 요인들은 개인자격으로 귀국할 수밖에 없었다. 1945년 11월 23일, 김구 주석을 비롯한 임시정부 요인 제1진 15명이 하지 중장이 보내준 특별 군용기편으로 환국했다. 하지만 임시정부 요인으로서의 공식 귀국이 아니라 개인 자격으로 하는 귀국이었다. 그들 중에는 임시정부 참모총장을 역임한 유동열(柳東悅) 장군도 포함되어 있었다. 그때 그의 나이 68세였다.

당시 미국이 바라본 한국은 일본의 식민지였던 미개한 나라에 불과했다. 게다가 하지 중장을 비롯한 주한 미군은 한반도에서 근무하는 것을 좌천이라고 생각하고 있었다. 한시라도 빨리 한반도에서 떠나고 싶은 것이 그들의 심정이었다.

그것이 소련과 미국의 차이였다. 당시 소련은 우선 한반도 북쪽을 공산화한 후, 그 여세를 몰아 전 한반도를 적화(赤化)하기 위해 열을 올리고 있었다. 반면에 미국은 한반도에 별로 관심이 없었던 것이다.

환국한 임시정부 요인들. 앞줄 왼쪽으로부터 ①장건상 ②조완구 ③이시영 ④김구 ⑤김규식 ⑥조소앙 ⑦신익희 ⑧조성환, 뒷줄 오른쪽으로부터 ③안경 쓴 사람이 유동열 장군이다.

만주군 출신의 맏형 원용덕

1945년 11월 13일 오후, 만주군 군의관 중교(中校: 중령) 출신인 원용덕(元容德, 당시 37세)이 이응준을 찾아왔다. 세브란스의학전문학교(현재의 연세대 의대) 출신인 원용덕은 만주군이 창설되던 1932년에 군의관으로 임관한 인물로서 만주군 출신 조선인들의 맏형 격이었다. 만주군계 원로와 일본군계 원로 간에 첫 만남이 이루어진 것이다.

원용덕

11월 13일은 미군정이 군정청에 국방부의 전신인 국방사령부(國防司令部: Office of the Director of National Defense)를 설치한 날이었다. 국방사령부의 임무는 사설 군사단체들이 난립하고 있는 혼란을 수습하고, 사회질서를 유지하는 것이었다. 국방사령부 내에 군사업무를 담당하는 군무국(軍務局)과 경찰업무를 관장하는 경무국(警務局)이 설치되었다.

이날부터 경찰과 군사 조직의 모든 활동은 국방사령부장의 통제를 받게 되었다. 초대 국방사령부장에는 쉬크 준장이 임명됐다. 국방사령부는 1946년 6월에 통위부(統衛部)로 명칭이 바뀌었다가, 1948년 8월 15일에 대한민국 정부가 수립되면서 국방부가 된다.

바로 이날 미 군정청 군무국 차장 아고(Reamer W. Argo) 대령이 원용덕을 군무국(203호실)으로 초청했다. 아고 대령이 원용덕에게 접촉한 가장 큰 이유는 원용덕의 유창한 영어실력 때문이었다. 아고 대령은 11월 2일에 처음 원용덕을 만났는데, 그때 "내가 만난 한국인 중 가장 영어에 능통한 사람이 바로 당신이다."라며 감탄했다고 한다. 원용덕은 6개 국어(한국어, 일본어, 만주어, 중국어, 러시아어, 영어)를 구사하는 언어학의 귀재였다.

당초 미군정은 경찰 병력만으로 치안을 유지하려고 했다. 하지만 연일 계속되는 좌우익 간의 대립과 반목으로 치안이 나날이 불안해졌다. 이에 미군정은 모자라는 경찰 병력을 보조하기 위해 25,000명 규모의 '경찰예비대(Korean Constabulary Reserve)'를 창설하기로 결정한다. 그것이 바로 1946년 1월 14일에 창설되는 남조선국방경비대(南朝鮮國防

警備隊)이다.

 '경찰예비대'를 창설하려면 사병들을 지휘할 지휘관을 먼저 확보해야 했다. 이에 광복군·일본군·만주군에 복무했던 장교와 준사관 출신 중에서 지휘관을 선발하기로 결정하고, 원용덕에게 협조를 구하려고 했던 것이다.

 아고 대령은 원용덕에게 '경찰예비대' 창설에 관한 계획을 설명하고 협조를 요청했다. 경찰예비대를 지휘할 장교요원들을 뽑아야 하는데, 우선 각 사설 군사단체의 간부들을 한자리에 모이게 하여 이 문제를 함께 논의할 수 있도록 주선해달라는 내용이었다.

 처음 원용덕은 국군이 아니라 경찰예비대를 창설한다는 점이 마음에 걸려, 아고 대령의 제안을 거절하려고 했다. 하지만 훗날 신생 정부가 탄생하게 되면, 결국은 경찰예비대를 기반으로 국군을 창설하게 될 것이라고 생각을 고쳐먹었다. 원용덕은 아고 대령의 제안을 받아들였다.

 그리고 아고 대령의 사무실을 나서자마자 군의 대선배인 이응준에게 찾아간 것이다. 원용덕은 이응준에게 협조를 부탁했다. 반목하고 있는 군사단체들이 한자리에 모여 서로의 생각을 토로하는 것이 나쁠 것이 없다고 생각한 이응준도 원용덕의 제안을 기꺼이 받아들였다.

군사단체들의 회동

1945년 11월 20일, 미 군정청 회의실에 각 사설 군사단체의 간부 120여 명이 모였다. 만주군 출신과 일본군 출신 단체가 거의 모두 참여했고, 광복군은 본대가 아직 중국에 있었기 때문에 국내지대장을 맡고 있던 오광선(吳光鮮) 등 몇 사람만이 참석했다.

소수의 좌익계 단체 간부도 참석했지만, 그들의 목적은 돌아가는 상황을 지켜보는데 있었다. 미 군정청에서는 아놀드 군정장관, 쉬크 국방사령부장, 참페니(Arthur S. Champeny) 군무국 국장, 아고 군무국 차장 등이 참석했다.

아놀드 군정장관이 먼저 "앞으로 남한에 미국식으로 훈련·조직되는 치안군(治安軍: 경찰예비대)을 창설할 계획이다. 그러기 위해 우선 군사영어를 교육하는 기관을 만들어 간부를 양성할 계획이니, 각 단체에서는 유능한 인재들을 추천해주기 바란다."는 취지의 말을 꺼냈다. 당초 미 군정청은 일본군·만주군·광복군 출신 장교 및 준사관 중에서 각 20명씩을 선발하여 군사영어학교에 입교시킬 계획을 가지고 있었다.

아놀드 군정장관의 말을 들은 각 단체의 반응은 다양했다. 먼저 조선국군준비대(朝鮮國軍準備隊), 학병동맹(學兵同盟) 등의 좌익계가 추천을 거부한다는 뜻을 밝히고 장내를 빠져나갔다. 광복군의 반응도 냉랭했다. 광복군이 단체로 귀국하게 되면, 자신들이 단독으로 국군이 될 것이라고 확신하고 있었던 광복군 국내지대에서는 추천을 기피했다. 이 때문에 광복군 계열에서는 이성가(李成佳)와 유해준(兪海濬) 단 2명만이 군사영어학교에 응시하게 된다.

반면에 국방경비대가 장차 국군이 될 것이라고 확신하고 있던 만주군계와 일본군계는 군사영어학교 선발시험에 적극적으로 참여했다. 각 단체에서 추천된 자들은 이응준과 원용덕이 입회한 가운데 경력심사를 받았다. 심사는 아고 대령이 영어실력을 테스트하는 구두시험(口頭試驗) 형식이었다. 비록 심사는 아고 대령이 했지만, 합격여부는 거의 이응준과 원용덕이 결정했다.

군사영어학교

1945년 12월 5일, 서울 서대문구 감리교신학교(냉천동 31번지)에서 군사영어학교(軍事英語學校: Military Language School)가 문을 열었다.

군사영어학교 교장에는 그린(Adwin W. Green) 중령이 임명되었으며, 리스(Leal W. Reese) 소령이 그를 보좌했다. 비록 공식적인 교장은 그린 중령이었지만, 실제 운영은 법무장교인 리스 소령이 담당했기 때문에 실질적인 교장은 리스 소령이라고 볼 수 있었다. 부교장은 원용덕이 맡았다.

군사영어학교의 일차적인 목표는 군사경력자들에게 기초적인 군사영어를 가르쳐 미군 지휘관의 통역관으로 양성하는 것이었다. 그리고 2차적인 목적은 새로 창설될 남조선국방경비대의 지휘관으로 활용하는 것이었다.

3차에 걸친 전형을 통해 12월 5일, 1차로 60명이 군사영어학교에 입교했다. 이 학교는 1946년 2월 27일에 태릉으로 이전하여 교육을 계속하다가 그해 4월 30일에 폐지된다. 그리고 다음 날인 5월 1일, 바로 그 자리에서 육군사관학교의 전신인 남조선국방경비사관학교(南朝鮮國防警備士官學校)가 개교한다.

군사영어학교 교사(서대문구 냉천동)

군사영어학교는 군번 1번부터 110번까지 총 110명의 장교를 배출했는데, 학교가 폐지될 때 아직 임관을 못하고 교육 중에 있던 인원이 40여 명가량 있었다. 그들은 국방경비사관학교로 옮겨져 1기생으로 졸업하게 된다.

군사영어학교가 배출한 장교들을 출신별로 보면 만주군 출신 21명, 일본 육사 출신 13명, 일본군 지원병 출신 6명, 일본군 학병(學兵) 출신 68명, 광복군 출신 2명이었다. 이들 110명의 연령은 1917년~1923년생

(23세~29세)이 대부분이었다. 이들은 1960년대 후반까지 우리 군의 중추역할을 하게 된다.

〈표-1〉 군사영어학교 출신 임관자 현황

군번	성명	출생연도	출생지	임관 전(1946년) 학·경력		최종계급·주요직책		퇴역 후 경력
				학력	경력	계급	직책	
1	이형근 李亨根	1920 (26세)	충남 공주	청주고보 일본육사 56기	일본군 대위	대장	초대 합참의장 9대 참모총장	주영대사 반공연맹 이사장 국정자문위원
2	채병덕 蔡秉德	1915 (31세)	평양	일본육사 49기	일본군 소좌	중장 추서	참모총장 (2대, 4대)	1950년 7월 27일 하동전투에서 전사
3	유재흥 劉載興	1921 (25세)	일본 나고야	일본육사 55기	일본군 대위	중장	3대 합참의장 1군사령관	이탈리아 대사 19대 국방부장관
4	장석륜 張錫倫	1892 (54세)	서울	보성중학 일본육사 27기	일본군 중위 만주군 중교	대령	연대장	사고사망
5	전일권 丁一權	1917 (29세)	러시아 니콜스크	봉천군관학교 5기 일본육사 55기	만주군 대위	대장	참모총장 (5대, 8대) 2대합참의장	주미대사 외무부장관 국무총리/국회의장
6	양국진 楊國鎭	1916 (30세)	평남	만주 신경 법정대	만주군 대위	중장	군단장	이경(利京)전자 사장 종합식품 사장
7	문리정 文履楨				만주군 대위			파면
8	김홍준 金洪俊				만주군 대위	대위	대대장	사고사망

9	이영순 李永純	1922 (24세)	충북	일본 동경제대 해군 위탁 학생	일본 해군 중위(경리)	대령	연대장	
10	최주종 崔周鐘	1922 (24세)	함북	신경군관학교 3기 일본육사 58기	만주군 소위	소장	군단장/ 군수기지 사령관	주택공사 사장
11	최경록 崔慶祿	1920 (26세)	충북 음성	일본 熊本 縣立中	지원병 출신 일본군 준위	중장	13대 참모총장	교통부장관 주일대사
12	이춘경 李春景	1922 (24세)	평북	일본 廣島中	지원병 출신 일본군 준위	준장	국방연구원장	대화공업사장
13	장창국 張昌國	1924 (22세)	서울	경기중 일본육사 59기	일본 육사생도	대장	9대 합참의장	주브라질대사 9대 국회의원
14	이병주 李丙冑	1921 (25세)	함북	신경군관학교 2기	만주군 중위	소령	연대장	파면(1949년 숙군)
15	이상진 李尙振	1919 (27세)	함북	신경군관학교 2기	만주군 중위	소령	여단 군수참모	파면 (1949년 숙군 복역 중 월북)
16	김영환 金英煥	1921 (25세)	경기	일본 간사이(關西) 대학	학병 출신	공군 준장	비행단장	1954년 3월, 비행 중 실종
17	강문봉 姜文奉	1923 (23세)	만주 용정	신경군관학교 5기 일본육사 59기	일본 육사생도	중장	초대 2군사령관	주 스웨덴대사 국회의원
18	민기식 閔機植	1921 (25세)	충북 청원	만주 신경건국대	학병 출신	대장	16대 참모총장	국회의원 (7,8,9대 3선 의원)
19	임선하 林善河	1923 (23세)	함북	일본 메이지(明治)대	학병 출신	소장	관구사령관	토라스아시아 부사장/ 도미(渡美)

20	박병권 朴炳權	1920 (26세)	충남 논산	연희전문/ 복지산(福知山) 예비사관학교	학병 출신	중장	전투병과 교육사령관	14대 국방부장관 대한중석사장
21	박기병 朴基丙	1918 (28세)	평남	일본 와세다(早稻田)대	지원병 출신 일군 하사관	소장	관구사령관	성우(星友)클럽 사무총장
22	심언봉 沈彦俸	1922 (24세)	충남	보성전문	학병 출신	준장	2훈련소장	
23	백인엽 白仁燁	1923 (23세)	평남 강서	일본 메이지(明治)대	학병 출신	중장	군단장	선인재단 이사장
24	안광수 安光銖	1922 (24세)	서울	일본육사 58기	일본군 소위	대령		26기 안병범의 차남 외무부 의전실장
25	윤병호 尹炳晧	1921 (25세)	충남	일본 명치(明治) 학원	학병 출신	소령		
26	원기섭 元氣燮	1923 (23세)	충남	일본 와세다(早稻田)대	학병 출신	중위		
27	원태섭 元泰燮	1918 (20세)	충남	일본 중앙대(中央大)	학병 출신	준장	참모총장 보좌관	
28	조암 趙岩	1921 (25세)	함북	일본 대정대(大正大)	학병 출신	중령	대대장 초대 15연대장	1949년 이적행위로 처형(숙군)
29	이정석 李貞錫	1923 (23세)	서울	일본대(日本大)	학병 출신	준장	사단장	
30	김종갑 金鐘甲	1922 (24세)	충남	연희전문	학병 출신	중장	국방부 관리국장	국방차관 총력안보사무 총장

31	김종오 金鐘五	1921 (25세)	충북 청원	일본 중앙대 (中央大)	학병 출신	대장	15대 참모 총장 합참의장 (6, 7, 8대)	
32	박동균 朴東均	1919 (27세)	함북	경성중 (鏡城中)	만주군 대위 (군의관)	소장	병무국장	동서용역·해우 선박 대표
33	하재팔 河在八	1923 (23세)	경북		학병 출신	소위		1949년 파면 (숙군)
34	이치업 李致業	1922 (24세)	경남	일본 동화 고보 (東華高普)	학병 출신	준장	수송감	한국도로공사 감사
35	김계원 金桂元	1923 (23세)	경북 풍기	연희전문	학병 출신	대장	18대 참모 총장	5대 중앙정보부장 주 대만대사 대통령 비서실장
36	유해준 俞海濬	1917 (29세)	서울	중국 중산 대(中山大)/ 황포군관학 교 15기	중국군 대위	소장	군 부사령관	삼성중공업 고문
37	이성가 李成佳	1922 (24세)	만주 통화	중국 남경군관학 교 1기	중국군 소령	소장	육군대학 총장	주 오스트리아 대사 유정회 국회의원
38	함병선 咸炳善	1920 (26세)	평남		지원병 출신 일본군 준위	중장	국방연구원장	포항제철 고문
39	유흥수 劉興守	1922 (24세)	서울	일본 전수대 (傳修大)	학병 출신	소장	군 부사령관	대림산업 고문 부산 페리 사장
40	정래혁 丁來赫	1926 (20세)	전남 광주	광주서중 일본육사 58기	일본군 소위	중장	군사령관	18대 상공장관 18대 국방부장관 11대 국회의장
41	원용덕 元容德	1908 (38세)	서울	세브란스의전	만주군 중령 (군의관)	중장	초대 헌병사령관	
42	김동영 金東英	1921 (25세)	평북	일본 중앙대 (中央大)	학병 출신	중령	군수국장	미국 귀화

	성명	출생(나이)	출신지	학력	군경력	계급	주요보직	비고
43	김병길 金炳吉	1922 (24세)	황해	일본 중앙대 (中央大)	학병 출신	준장	부군단장	국제태권도연맹 지부장
44	최홍희 崔泓熙	1917 (29세)	서울	일본 중앙대 (中央大)	학병 출신	소장	군단장	국제태권도연맹 총재
45	김형일 金炯一	1923 (23세)	경기	서울법전	학병 출신	중장	참모차장	국회의원
46	황헌친 黃憲親	1918 (28세)	함북	일본 와세다 (早稻田)대	학병 출신	준장	군참모장	한국안전기업 사장
47	김익렬 金益烈	1921 (25세)	경남	일본 神戸高商	학병 출신	중장	국방대학원 장	자동차공업협회 이사장
48	정만기 鄭萬基	1921 (25세)		경성고상 (京城高商)	학병 출신	준장 추서	재무감 (財務監)	1950. 6. 30. 전사 (당시 대령)
49	안동순 安東淳	1920 (26세)	평북	일본 중앙대 (中央大)	학병 출신	준장	육군본부 관리부장	순흥금속공업사 사장
50	함준호 咸俊鎬	1921 (25세)		서울법전	학병 출신	준장 추서	연대장	1950. 6. 27. 전사
51	최영희 崔榮喜	1921 (25세)	서울	휘문중 (徽文中) 일본 전수대	학병 출신	중장	12대 참모 총장 5대 합참의장	16대 국방부장관 국회의원 (7, 8, 9, 10대)
52	문용채 文容彩	1916 (30세)	평북		만주군 대위	준장	부군단장	육오공업사 사장
53	최남근 崔楠根	1916 (30세)	만주	만주 길천 (吉川)중 봉천군관학 교 7기	만주군 대위	중령	연대장 여단 참모장	1949. 5. 26. 사형 (숙군)
54	백선엽 白善燁	1920 (26세)	평남 강서	평양사범학교 봉천군관학 교 9기	만주군 중위	대장	참모총장 (7대, 10대) 4대 합참의장	프랑스 등 13개국 겸임대사/ 교통부장관/ 호남비료 사장 등

55	김백일 金白一	1917 (29세)	만주 연길	서울 보성중 봉천군관 학교 5기	만주군 대위	중장	군단장	1951. 3. 28. 전사
56	이한림 李翰林	1921 (25세)	함남 안변	봉천중 신경군관학 교 2기 일본육사 57기	만주군 중위	중장	군사령관	건설부장관 국제관광공사 사장 터키대사/ 호주 대사
57	정진환 鄭震晥	1923 (23세)	충북	만주 건국대	학병 출신	소장	국방부 5국장	광업진흥공사 사장
58	신상철 申尙澈	1924 (22세)	충남 공주	경성고보 일본육사 58기 항공사관학교	일본군 소위	공군소장	공군사관학 교장/ 정훈 국장	체신부장관 주 스페인대사
59	오덕준 吳德俊	1921 (25세)	경남	일본 간사이 (關西)대	학병 출신	소장	군단장	대동공업 회장
60	권석필 權石泌				학병 출신	소위		
61	한인준 韓麟俊		서울	일본육사 61기	일본 육사생도		병기사령부 과장	파면
62	김종면 金宗勉	1923 (23세)	함남	일본 중앙대(中 央大)	학병 출신	준장	제1훈련소 부소장	반공연맹 사무 총장 방송공사 이사
63	백선진 白善鎭	1922 (24세)	평남	일본 동지대(同 志大)	학병 출신	소장	육군본부 군수참모부 장	재무부장관 해외건설사장
64	소병기 蘇炳基	1920 (26세)	경북		일본군무원 (병기)	준장	병기감	공동(共同)신문 한국지사장
65	최창무 崔昌武				학병 출신	소위		파면
66	위대선 魏大善				학병 출신	대령	연대장	1948. 게릴라토 벌작전 중 전사

67	조병건 趙炳乾	1925 (21세)	함남	일본육사 60기	일본 육사생도	소령	육사교관	1949. 사형 (숙군)
68	김현수 金賢洙			일본 국학원대 (國學院大)	학병 출신	준장	홍보처장	1950. 6. 27. 전사
69	백남권 白南權	1922 (24세)	경남	일본 橫濱 商傳	학병 출신	소장	육사교장	인천제철 부사장
70	김종석 金鍾碩	1918 (28세)	경기	일본육사 56기	일본군 대위	중령	여단장 대리	1949. 9. 2. 사형 (숙군)
71	김완룡 金完龍	1918 (28세)	함남	일본 중앙대 (中央大)	학병 출신	소장	국방부징발보상위원장/ 법무감	증권공증인협회 감사
72	오일균 吳一均	1926 (20세)	충북	청주중 일본육사 61기	일본 육사생도	소령	대대장	1949. 8. 2. 사형 (숙군)
73	최상빈 崔相斌		함남	만주 신경 법대	학병 출신	소령		1949년 파면 (숙군)
74	김병휘 金炳徽	1920 (26세)	강원	서울법전	학병 출신	소장	훈련소장	영남화학 이사
75	최석 崔錫	1917 (29세)	함남	일본 와세다(早稻田)대	학병 출신	중장	군단장	한국과학연구소장 안보회의 자문위원
76	김상복 金相福	1923 (23세)	평남	만주 봉천 의대	일본군 중위 (군의관)	중장	참모차장	한국전력 사장
77	김용배 金容培	1923 (23세)	서울	경기고 서울법전	학병 출신	대장	17대 참모총장	대한중석 사장 선주협회장
78	김기홍 金基鴻	1916 (30세)	함남	일본 메이지(明治)대	학병 출신	소장	사단장	파면

번호	이름	생년(나이)	출신	학교	구분	계급	주요경력	기타
79	이후락 李厚洛	1924 (22세)	경남	일본 기부대(岐阜大)	학병 출신	소장	주미 무관/ 국가재건최고 회의 대변인	중앙정보부장 대통령 비서실장
80	장도영 張都暎	1923 (23세)	평북 용천	일본 동양대(東洋大)	학병 출신	중장	14대 참모 총장	12대 국방부장관 미시건대 교수
81	이상철 李相喆	1919 (27세)	경북	일본 입명관(立命舘)대	학병 출신	소장	군단장	진해화학 이사
82	이희권 李喜權	1920 (26세)	전북	일본 입정대(立正大)	학병 출신	준장	사단장 육군정훈감	한국플라스틱 공업 고문
83	김삼길 金三吉		강원		학병 출신	대위		파면
84	장호진 張好珍	1922 (24세)	강원	보성전문	학병 출신	준장	후생감 (厚生監)	종합식품 부사장
85	이창일 李昌一			일본 척식대(拓植大)	학병 출신	대령	사단참모	1950. 7. 12. 전사
86	閔丙權 민병권	1918 (28세)	황해	일본 중앙대(中央大)	학병 출신	중장	군수참모부 부장(副長)	교통부장관 국회의원
87	장만석 張萬錫		경북		학병 출신	소위		파면
88	백인기 白仁基	1921 (25세)	충북		학병 출신	대령	연대장	1948. 11. 4. 게릴라토벌작전 중 전사
89	이현재 李賢宰	1922 (24세)	전남	일본 입교대(立敎大)	학병 출신	중령		
90	나종하 羅鐘荷	1919 (27세)	전남	목포상 (木浦商)	학병 출신			파면

번호	이름	생년(나이)	출신	학교	배경	계급	직위	비고
91	박진경 朴珍景	1917 (29세)	전남	오사카 (大阪) 외국어대학	학병 출신	대령	연대장	1948. 6. 18. 좌익 군인에게 피살
92	한춘 韓椿		평남	일본 메이지 (明治)대	학병 출신	소위		파면
93	김일환 金一煥	1914 (32세)	강원	만주군 경리학교	만주군 대위 (경리장교)	중장	육군본부 관리부장	국방부 차관 상공·교통·내 무 장관
94	오규범 吳圭範	1918 (28세)	만주		만주군 대위	중령	후방부대 참모장	파면
95	최창언 崔昌彦	1921 (25세)	함북	신경군관 학교 1기 일본육사 56기	만주군 대위	중장	국방대학원장	전자회사 대표
96	송요찬 宋堯讚	1918 (28세)	충남 청양	화성보통 학교	지원병 출신 일본군 조장	중장	11대 참모 총장	13대 국방부장관 내각수반·외무장관 인천제철 사장
97	나학선 羅學善	1915 (31세)	전남	일본 중앙대 (中央大)	학병 출신	소령		1949년 파면 (숙군)
98	이백우 李白雨	1919 (27세)	전남	광주사범	지원병 출신	준장	사단장	한국전력 감사 실장
99	장은산 張銀山	1925 (21세)	함북	신경군관 학교 4기	생도	중령	포병 제2훈련소장	파면
100	김웅수 金雄洙	1923 (23세)	경북	일본 경도제 (京都帝)대	학병 출신	소장	군단장	
101	강영훈 姜英勳	1921 (25세)	평북 창성	만주 건국 대	학병 출신	중장	육사교장	주영·주교황청대사 21대 국무총리 대한적십자사 총재

102	이지형 李贅衡	1921 (25세)	경북	일본 중앙대 (中央大)	학병 출신	준장	군사감 (軍史監)	관광회사 사장
103	이순영 李旬英	1913 (33세)	경남	일본 메이지 (明治)대	학병 출신	준장	군사감 (軍史監)	풍산금속 고문
104	김종문 金宗文	1919 (27세)	황해	東京 아테네프랑세	학병 출신	소장	정훈국장	시인
105	박현수 朴炫洙	1920 (26세)	전남	일본 상지(上智)대 태암육군비행학교	학병 출신	소장	군수기지 사령관	대한염업(鹽業) 사장
106	박경원 朴璟遠	1923 (23세)	전남		학병 출신	중장	군사령관	내무·체신·교통 장관
107	신학진 申鶴鎭	1911 (35세)	경북	대구의전	만주군 중령 (군의관)	소장	의무감 (醫務監)	향군 자문위원
108	이명재 李明載	1922 (24세)	황해	일본 무장 고공 (武藏高工)	학병 출신	소장	부군단장	
109	윤수현 尹秀鉉	1919 (27세)	함북		만주군 중위	준장	부군단장	영남화학 고문
110	이응준 李應俊	1890 (56세)	평남 안주	일본육사 26기	일본군 대령	중장	초대 참모 총장	체신부장관 성우회장 반공연맹 이사장

(출처: 한용원, 「창군」, 박영사, pp. 75~81.)

국방경비대 창설의 산파역

1946년 1월 4일, 아고 대령이 이응준을 군정청으로 초빙했다. 아고 대령은 이응준에게 국방경비대의 고문을 맡아달라고 부탁했다. "미군이 한반도에 대해서 잘 알지 못하니, 국방경비대 창설의 청사진을 만들어 달라."는 요청이었다.

미 군정청이 이응준을 고문으로 선택한 데에는 그럴만한 이유가 있었다. 이응준이 일본군계 군사경력자들 중 가장 계급이 높은 원로라는 것이 첫 번째 이유였다. 그 외에도 몇 가지 이유가 있었지만, 가장 큰 이유는 이응준이 '광복군계와 일본군계의 중간에서 양 측의 화합을 유도할 수 있는 적임자'라는 것이었다.

미 군정청은 일본군을 무장 해제시키는 과정에서 일본군 특무부대로부터 수많은 기밀서류들을 넘겨받았다. 그 중에는 국내외의 독립지사와 친일분자를 총망라한 지도자급 조선인들의 성향을 분석해놓은 서류들도 포함되어 있었다. 그 서류들을 분석하는 한편, 원용덕 등 군사경력자들의 의견을 청취한 결과 '이응준이 적임자'라는 판단을 내렸던 것이다.

이응준은 독립지사 이갑의 사위였으며, 민족의 지도자 도산 안창호와도 지속적인 교분을 가졌다. 그리고 광복군 총사령관 이청천과는 일본 육사 동기였다. 이청천이 만주로 망명한 후, 이응준과 동기생들은 돈을 거둬 경제적으로 어려움을 겪는 이청천의 가족을 여러 차례 돌봐주었다.

또한 이갑의 친구이며, 임시정부 참모총장을 역임한 유동열과도 각별한 사이였다. 그런 까닭에 이응준은 일본군계와 만주군계뿐만 아니라 광복군 출신에게도 신망을 받고 있었다.

아고 대령의 제안을 받은 이응준은 "어제의 일본군 대좌가 오늘날 어떻게 국군 창설에 앞장설 수 있겠소?"라며 거절의 의사를 밝혔다. 이응준은 일본군 대좌 출신이라는 자신의 과거에 상당한 부담감을 가지고 있었다.

아고 대령이 웃으며 이응준의 말을 받았다.

"귀하는 일본을 위해서도 일을 했는데, 새로 생길 당신네 나라를 위해서라면 더욱 사력(死力)을 다해야 할 것이 아니겠소."

"……."

아고 대령이 설득을 계속했다.

"수년 안에 이 땅에는 독립 국가가 생길 것이고, 독립 국가는 국군을 가져야 합니다. 그리고 그 국군을 창설하는데 귀하의 경험과 조언이 필요하니 거절하지 마시오."

결국 이응준은 다음 날인 1월 5일부터 미 군정청으로 출근하여, 국방경비대의 청사진을 만드는 일에 착수했다. 이응준은 국방경비대의 주둔 위치와 편성 방법, 병력의 모병 방법, 장비, 교육 등의 전반적인 사항을 정리하여 의견서를 제출했다. 이응준이 제출한 의견은 다음과 같았다.

첫째, 국방경비대 주둔위치: 각 도의 도청소재지로 한다.

둘째, 병력의 규모: 우선 보병 중대로 시작하여 점차 사단규모로 늘려간다.

셋째, 모병 방법: 20세 전후의 청년 지원자들을 선발하되, 사상 검증을 하여 공산주의자는 배제한다.

넷째, 장비와 교육: 우선 일본군에게서 압수한 무기를 지급하되, 조속한 시일 내에 미군장비로 교체한다. 교육은 미국식으로 한다.

미 군정청은 이응준이 제출한 의견을 대부분 받아들였다. 문제는 공산주의자를 배제해야 한다는 모병 방법이었다. 미 군정청은 이응준과 다른 의견을 가지고 있었다. 이응준은 아고 내령에게 강력히 주장했다.

"장병을 선발할 때 적어도 주거지 경찰의 신분증명서를 첨부시켜 좌익 계열이 군에 들어와 내부 교란을 꾀하는 것을 막아야 합니다."

공산주의자들은 암적인 존재였다. 공산주의자들에게는 민족이나 국가가 중요하지 않았다. 그들의 목표는 전 세계를 공산화하는데 있었다. 항일독립투쟁을 전개하는 과정에서도 그들은 독립군과 임시정부를 분열시키는 방해세력이었다. 연해주와 중국전선에서 공산군(共産軍)을 경험했던 이응준은 누구보다도 공산당의 정체를 잘 알고 있었다.

하지만 아고 대령은 이응준의 주장을 일축했다.

"민주주의 국가의 국민은 누구나 사상의 자유를 가지고 있습니다. 미국에도 공산당이 있습니다. 그러나 그들이 미국 군대에 존재하지 않는 것은 군대 내에 군기(軍紀)가 있기 때문입니다."

미 군정청은 좌익이든 우익이든 어느 편에도 치우치지 않는다는 불편부당(不偏不黨)의 원칙을 세우고 분별없이 대원을 모집했다. 이 때문에 좌익세력이 국방경비대에 대거 침투하였고, 훗날 여수 14연대반란 사건 같은 비극을 잉태하게 된다.

1946년 1월 14일, 남조선국방경비대(南朝鮮國防警備隊)가 창설됐다. 이날 군사영어학교에서는 군번 1번 이형근(李亨根)부터 21번 박기병(朴基丙)까지 21명을 임관시켜 국방경비대 간부요원으로 배출했다.

그리고 다음날인 1월 15일, 국방경비대 최초의 부대인 제1연대 제1대대 A중대(중대장: 정위 채병덕)가 서울 태릉의 옛 일본군 지원병훈련소(현재의 육군사관학교 위치)에서 창설됐다. 미군정은 '조선경찰예비대'라고 불렀지만, 우리는 '남조선국방경비대'라고 명명했다.

국방경비대는 전국에 8개 연대가 창설됐다. 이응준의 제안대로 우선 각 도에 1개 중대씩을 편성하고, 중대의 정원이 20%를 초과하면 또 다른 중대를 신설하고, 그것이 3개 중대가 되면 1개 대대를 만들고, 계속하여 같은 방식으로 1개 연대 규모(3개 대대)가 될 때까지 증설하는 방식으로 부대 편성이 진행됐다.

장교는 군사영어학교 출신들로 충당했고, 사병은 각 지역에 배치된 장교들이 직접 모병을 하여 훈련시켰다. 1946년 1월 15일의 제1연대 창설을 시작으로, 4월 1일에 춘천에서 제8연대가 창설되면서 경비대 창설이 마무리됐다. 그리고 그해 7월 2일에 제주도가 도(道)로 승격되면서 제9연대가 창설(11월 16일)되어, 국방경비대는 9개 연대로 늘어나게 된다.

〈표-2〉 남조선 국방경비대 8개 연대 창설 현황

명칭	창설일	창설 요원	주둔지
제1연대	1946. 1. 15.	정위 채병덕(중대장) 정일권, 장석륜, 강문봉, 백인엽	경기도 양주군 노해면 공덕리(옛 일본군 지원병훈련소)
제2연대	1946. 2. 28.	정위 이형근(중대장) 심언봉, 정진환, 신상철	충남 대전 비행장
제3연대	1946. 2. 26.	부위 김백일(중대장) 김종오, 이한림, 정래혁, 백인기	전북 이리 (옛 일본 해군 예과연대)
제4연대	1946. 2. 15.	부위 김홍준(중대장) 조암, 최홍희	전남 광산군 극락면 쌍촌리 (옛 일본 해군 예과연대)
제5연대	1946. 1. 19.	참위 박병권(중대장) 이치업, 오덕준	경남 부산시 감천동 (옛 일본 해군 예과연병장)
제6연대	1946. 2. 18.	참위 김영환(중대장) 하재팔, 김완용, 장도영	경북 대구시 중동 (옛 일본군 병사)
제7연대	1946. 2. 7.	참위 민기식(중대장) 문용채, 오일균, 이희권, 최창언	충북 청주군 사천면 개설리
제8연대	1946. 4. 1.	부위 김종갑(중대장) 황헌친, 김형일	강원도 춘천시 (옛 종방회사 기숙사)

(출처: 국방부 군사편찬연구소, 「建軍史」, p. 144.)

미군정은 국방경비대의 밑그림을 그린 공로를 인정하여 1946년 6월 12일, 이응준을 정령(대령, 군번 110번)으로 특별 임관하고 국방경비대 감찰총감(監察總監)에 임명한다.

참고로, 처음 국방경비대의 계급 호칭은 대한제국군의 군제를 따랐다. 그 이유는 민족사적인 차원에서 대한제국의 정통성을 계승하려는 의지가 있었기 때문이었다. 하지만 이후 계급의 호칭이 어렵고 불편하다는 의견이 계속 나와, 1946년 12월 1일에 미 육군의 계급제도를 참작하여 호칭을 바꾸게 된다.

미국과 소련의 동상이몽

1946년 2월 8일, 소련 군정이 북한에 임시인민위원회를 창설했다. 임시인민위원회는 명칭만 위원회였을 뿐 사실상의 정부였다. 소련 군정은 평양에 입성한 이래 가짜 김일성(金日成) 장군을 내세워 북한지역의 공산화를 진행하고 있었다.

1945년 10월 14일, 평양에서 '김일성(金日成) 장군 환영대회'가 열렸다. 전설의 독립투사 김일성(金日成) 장군을 보기 위해 평양시민들이 구름처럼 몰려들었다. 하지만 이날 군중 앞에 나타난 김일성은 33세의 새파란 청년이었다. 어느 누가 봐도 가짜 김일성이 분명했다.

그 청년은 소련군 대위 출신 김성주(金成柱)였다. 소련 군정은 김일성을 중심으로 북한 전역에 공산당 조직을 만들어나갔다. 임시인민위원회가 창설되었다는 것은 그 작업이 완성되었다는 것을 의미하는 것이었다. 다시 말해 혼란에 빠진 남한과는 달리, 북한에는 이미 공산주의 정권이 들어섰던 것이다.

1946년 3월 20일, 미국과 소련이 '한반도 통일정부'의 수립을 논의하기 위해 서울에서 '제1차 미소공동위원회'를 개최했다. 여러 차례에 걸친 회의에도 불구하고 결론은 나오지 않았다. 이미 북한에 공산정권을 세운 소련이 사사건건 트집을 잡으며 회의를 지연시킨 것이다. 결국 5월 8일, 회의는 무기한 휴회에 들어갔다.

미소공동위원회가 진행되고 있던 3월 29일, 미군정이 국방사령부 산하에 있던 경무국을 따로 독립시키고, 국방사령부를 국방부로 개칭했다. 미소공동위원회에서 소련 대표가 국방부라는 새 이름에 제동을 걸었다.

"미소 양국이 한국의 통일정부 수립에 관해 논의하는 시점에서 정부기관을 의미하는 '국방부'라는 용어를 무슨 의도로 사용하는가?"라고 항의를 제기한 것이다. 즉 남한에 국방부를 두고 군대를 양성하는 것은 남한 단독정부를 수립하겠다는 의도이며, 이것은 또한 북한을 무력으로 점령하겠다는 뜻을 갖고 있는 것이라고 주장했던 것이다.

그해 6월 15일, 미군정이 국방부라는 명칭을 다시 국내경비부(Department of Internal Security)로 변경했다. 소련의 반발을 무마하기 위한 방편이었다. 국방경비대도 조선경비대로 이름을 바꾸었다.

이번에는 우리 군 관계자들이 반발했다. '경찰예비대'와 마찬가지로 '국내경비부'란 명칭이 우리의 자존심을 상하게 했던 것이다. 그 결과 우리 군은 '국방'의 뜻을 그대로 살리기 위해 조선말의 군제인 통위영(統衛營)의 이름을 따서 국내경비부를 통위부(統衛部)라고 호칭하였다.

미소공동위원회가 결렬되자, 하지 중장은 소련 측의 양보를 얻어내기 위한 압력 수단의 하나로 미군정이 갖고 있던 행정권을 점차적으로 한국인에게 이양하기 시작했다. 이러한 정책에 따라 통위부의 행정권 또한 한국인에게 넘기기로 결정했다.

초미의 관심사는 누가 통위부장에 임명되는 가였다. 통위부장 후보로 임시정부 군무부 참모총장을 역임한 유동열(당시 69세)과 광복군 총사령관 이청천(당시 58세) 장군, 광복군 참모장 이범석(李範奭, 당시 46세) 장군 등이 물망에 올랐다.

이렇게 광복군계열의 인물들이 후보에 오른 이유는 이응준이 "광복군의 법통과 정신을 계승하고 독립의 대의를 살리기 위하여 통위부장이나 경비대총사령관은 임시정부 계열의 인사 중에서 등용해야 한다."고 강력하게 주장했기 때문이었다.

당시 이청천과 이범석은 아직 중국에서 귀국하지 않았고, 유동열만이 국내에 들어와 있었다. 하지만 유동열이 워낙에 고령이었기 때문에, 하지 중장은 젊고 유능한 이범석과 교섭하기 위해 제3대 국방부장인 버나드(Bernard) 대령을 중국으로 파견했다. 버나드 대령을 만난 이범석은 펄쩍 뛰었다.

"군정하의 경비대가 무슨 놈의 군대냐? 미군정은 군사조직보다 먼저 우리에게 국권을 돌려줘야 한다."

미군정이 공식적인 조직으로 인정하지 않는 바람에, 중국에 주둔하고 있던 광복군은 1946년 6월경부터 뿔뿔이 흩어져 개별적으로 귀국하고 있었다. 이범석은 이 상황에 분통이 터져 버나드 대령에게 일갈

(一喝)했던 것이다.

결국 가장 적절한 인물로 유동열이 떠올랐다. 하지만 유동열 또한 광복군의 정통성을 주장하며 통위부장 자리를 사양했다. 미군정 당국자들과 우리 군의 관계자들이 통위부장직을 맡으라고 여러 차례 권유했지만, 유동열은 요지부동이었다. 이때 유동열의 마음을 돌린 사람이 있었으니 그가 바로 이응준이었다. 이응준과 유동열은 각별한 사이였다.

통위부장 유동열

유동열은 이응준의 장인 이갑과 일본 육사 동기였으며, 함께 신민회를 만들어 국권회복운동을 전개했던 동지였다. 뿐만 아니라 두 사람은 독립운동을 위해 함께 망명을 떠날 정도로 의기투합하는 사이였다. 유동열은 이갑의 외동딸 이정희뿐만 아니라, 이갑의 총애를 받으며 보성중학교에 다니고 있던 이응준도 매우 귀여워했었다. 유동열이 귀국한 후, 이정희는 그를 아버지처럼 섬겼다. 이응준 또한 유동열을 장인 모시듯 했음은 물론이다.

1946년 9월 초의 어느 날, 이응준이 유동열의 집을 방문했다. 유동열을 설득하기 위해 움직인 것이다. 이응준은 유동열에게 "임시정부의 법통을 우리나라 군대에 계승하려면 국방부장관격인 통위부의 수장을 어르신이 맡아야 합니다."라고 간곡하게 설파했다. 유동열의 대답은 간단했다.

"잘 생각해보겠네."

유동열

 이응준을 돌려보낸 후 잠을 이루지 못하고 밤새 장고를 거듭하던 유동열은 새벽녘에야 마침내 마음을 정했다. 날이 밝자 유동열은 김구 주석을 찾아갔다. 김구 주석에게 통위부장직을 수락하겠다는 뜻을 밝히자 주위에 있던 임시정부 요인들이 펄쩍 뛰었다.
 "조선경비대는 글자 그대로 미군을 경비하기 위한 용병인데, 그런 용병대장으로 가겠다는 거요?"

예상대로 임정 요인들의 반발은 대단했다. 유동열은 차분하게 입을 열었다.

"더 늦기 전에 조선경비대를 실질적인 광복군으로 만들어 볼 작정이오. 내 여생을 바칠 사업이 바로 이것이라고 생각하오."

생각에 잠겨있던 김구 주석이 고개를 끄덕이며 유동열의 말에 동감을 표시했다. 결국 임정 요인들의 의견은 실질적인 병력을 가지고 있는 조선경비대에 되도록 많은 광복군 출신 장병들을 심어두는 것이 현명하다는 쪽으로 기울었다. 늦었지만 현명한 판단이었다. 유동열이 통위부장에 취임하는 것을 계기로 많은 광복군 출신들이 조선경비대에 입대하게 된다.

광복된 지 1년여 만에 마침내 군의 지휘권이 한국인에게 이양되었다. 1946년 9월 12일, 광복군계열의 유동열이 통의부장에 취임한 것이다. 역사적인 날이었다. 그때까지 통위부장직을 수행했던 프라이스(Terrill E. Price) 대령은 통위부의 수석고문관에 임명됐다.

이로써 사실상 군의 지휘권이 한국인에게 이양되고 미군은 고문관의 역할을 수행하게 됐다. 아울러 조선경비대 총사령부를 비롯하여 각 연대의 지휘권도 한국인 장교들이 행사하게 됐다. 유동열은 대한민국 정부가 수립될 때까지 2년여 동안 통위부장의 대임을 수행하게 된다.

통위부장에 광복군 출신인 유동열이 취임한데 이어 1946년 12월 23일, 광복군 편련처장(編練處長)과 제1지대장을 지낸 송호성(宋虎聲, 당시 57세) 중령이 조선경비대사령관에 취임했다. 광복군 출신을 많이 발탁

송호성

해야 한다는 사회적 요구가 반영되어 국방부장관격인 통위부장과 육군참모총장격인 조선경비대사령관을 광복군 출신으로 임명한 것이다. 하지만 불행하게도 6·25전쟁 때 유동열과 송호성 두 사람 모두 북한으로 끌려가고 만다.

1947년, 통위부 간부들. 앞줄 왼쪽으로부터 ⑤이형근 ⑥유동열 ⑦송호성

국방경비대 대령 임관

1946년 6월 12일, 국방경비대 정령(대령)으로 특별 임관한 이응준이 처음 받은 보직은 통위부 감찰총감(監察總監)이었다. 국방경비대 창설 초기를 한마디로 정의한다면 '경험부족'이라는 말이 가장 적절할 것이다.

우선 장교들이 문제였다. 평균연령이 20대 후반에서 30대 초반인 젊은 장교들은 지휘경험이 너무나 일천했으며, 그나마도 인원이 부족한 상태였다. 그러다보니 각 부대에서는 사병들이 장교들에게 항명(抗命)하는 사태가 속출했으며, 심지어는 폭행하는 사건까지 발생했다.

사병들의 기본적인 자질에도 문제가 있었지만, 더 큰 문제는 국방경비대 내에 침투해있는 좌익계열들이었다. 그들은 순수한 사병들을 포섭하여 공산주의 이념을 주입시켰으며, 부대교란을 획책했다.

또 하나의 문제가 있었다. 그것은 경찰과의 반목이었다. 경찰은 '경찰예비대'인 국방경비대를 무시했다. 반면에 국방경비대는 경찰을 정신적으로 얕보고 있었다. 일제강점기 때 악질적으로 조선인을 괴롭혔던 악행, 그리고 민간인에게는 군림하면서도 군인에게는 꼼짝도 하지 못했던 과거의 행태 때문이었다. 사회 곳곳에서 국방경비대원들과 경찰들 간에 주먹다짐이 오가기 일쑤였고, 심지어는 총격전이 벌어지기까지 했다.

이런 혼란 때문에 미군정은 국방경비대의 각 연대마다 2명의 미군 장교를 파견하여, 한국 지휘관들과 함께 부대를 지휘하게 했다. 한국인 장교와 미국인 장교가 함께 부대를 지휘하다 보니 사고방식과 일하는 스타일이 달랐던 양자 사이에는 마찰이 잦았다. 특히 채병덕(49기), 이형근(56기) 등 프라이드가 강했던 일본 육군사관학교 출신 장교들과 미군 장교들과의 충돌이 많았다.

하루가 멀다 하고 각종 사고가 꼬리를 물었다. 이런저런 사고의 진상을 조사하고, 사후조치를 하는 것이 통위부 감찰총감이 하는 일이었다. 이응준은 사건을 마무리하기 위해 미 군용기를 타고 전국각지를 누비는 눈코 뜰 새 없이 바쁜 나날을 보냈다.

여단 창설에 기여하다

1947년 12월 1일, 통위부가 조선경비대에 3개 여단을 창설했다. 여단은 기존에 편성된 9개 연대를 근간으로, 3개 연대를 1개 여단으로 묶어 창설됐다. 제1여단(서울)에는 제1·7·8연대, 제2여단(대전)에는 제2·3·4연대, 그리고 제3여단(부산)에는 제5·6·9연대가 각각 편성되었다.

처음 이응준은 제1여단장에 내정됐다고 한다. 제1여단은 서쪽으로는 개성 부근에서부터 동쪽으로는 동해안에 이르는 38도선 일대와 수도 서울을 담당하는 부대였다.

그런데 제1여단 창설에 분주한 어느 날, 통위부 수석 고문관 프라이스 대령이 이응준에게 "3여단을 편성할 마땅한 적임자가 없으니 부산에 내려가 부대 편성을 마친 후 다시 1여단을 맡아 달라."고 요청했다고 한다. 이에 초대 3여단장을 맡아 부대 편성을 마친 이응준은 두 달 후인 1948년 2월 5일, 1여단장으로 다시 부임한다.

한편, 한반도의 상황은 급변하고 있었다. 1947년 5월 21일, 제2차미소공동위원회가 재개됐지만, 이미 북한지역의 공산화에 성공한 소련은 한반도에서 미군과 소련군이 동시에 철군하자고 주장했다. 미군이 나간 후에 남한지역마저 공산화하겠다는 계산이었다.

결국 소련과의 협상을 통해 남북한 통일정부를 수립하는 것이 어렵다고 본 미국은 1947년 9월 17일, 한반도 문제를 UN에 이관하고 말았다. 그 결과 1947년 11월 14일, UN은 남북한 자유총선거를 실시해 통일정부를 수립하기로 결의했다.

다음 해인 1948년 1월 8일, UN한국임시위원단이 남한에 들어왔다. 남북한 총선거를 진행하기 위해서였다. 하지만 소련은 UN한국임시위원단이 북한 지역으로 들어오는 것을 거부했다. 결국 UN은 1948년 2월 26일, UN의 감시가 가능한 남한에서만 총선거를 치르기로 결의를 했다. 그것이 바로 1948년 5월 10일에 치러지는 5·10총선거이다.

남북한총선거를 거부한 북한은 1948년 2월 8일, 조선인민군을 공식 창설했다. 김일성은 이때부터 본격적으로 전쟁 준비에 몰입하기 시작했다. 바야흐로 한반도는 동족상잔의 전쟁을 향해 달려가고 있었다.

미 합참이 조선경비대의 정원을 25,000명에서 50,000명으로 증강하는 안을 승인함으로써 조선경비대에 2개의 여단이 증설됐다. 제1·2·3여단에 이어 1948년 4월 29일, 제4여단(서울)과 제5여단(광주)이 창설된 것이다.

이어 5월 1일부터 4일 사이에 제10연대(강릉)를 비롯하여 제11(수원), 제12(군산), 제13(온양), 제14(여수), 제15(마산)연대 등 6개 연대가 추가로 창설되어 각 여단에 편입됐다.

이후 제4여단은 1948년 11월 20일에 제6여단으로 개칭을 하게 되며, 1949년 1월 7일에는 서울 용산에서 제7여단이 새로 창설되어 국군은 6개 여단으로 늘어나게 된다.

조선경비대의 병력이 증강된 것은 워싱턴의 주한미군 철수 정책에 의해서였다. 워싱턴은 5·10선거를 통해 남한에 신생정부가 수립되면, 한국에 주둔하고 있던 미군을 모두 철수시킬 계획을 세우고 있었던 것이다.

미 국무부는 1948년 4월 8일, 하지 사령관에게 1948년 말까지 주한미군이 철수할 수 있도록 한국 측과 제반 협정을 체결하라는 훈령을 내렸다. 이 훈령의 내용은 남한의 경비대를 자체방위와 국내 치안을 담당할 수 있는 수준으로 무장하고 훈련시키라는 것이었다.

대한민국 정부 수립

1948년 5월 10일, 남한 총선거가 실시됐다. UN한국임시위원단 참관 아래 유사 이래 처음 치러진 선거는 무려 95.5%의 투표율을 기록했다. 5·10총선거에 의해 구성된 국회는 7월 20일, 초대 대통령에 이승만, 부통령에 이시영을 선출했다. 대한민국 정부는 1948년 8월 15일, 정부 수립을 대내외에 선포했다.

초대 국무총리 겸 국방부 장관에는 청산리전투의 영웅이며, 광복군 참모장을 역임한 이범석 장군이 임명되었다. 대한민국 정부가 수립됨에 따라 조선경비대와 조선해안경비대는 1948년 9월 1일부로 대한민국 국군으로 편입됐고, 9월 5일에 육군과 해군으로 그 명칭을 바꿨다.

9월 9일, 북한도 공식적으로 정부 수립을 선포했다. 조선민주주의인민공화국이 출범한 것이다. 북한이 남한보다 정부 출범을 늦게 선포한 것은 일종의 꼼수였다. 남북한 분단의 책임이 남한에게 있다고 전가하려고 했던 것이다. 북한은 이미 1946년 2월 8일에 '임시인민위원회'라는 이름으로 정권을 수립하여 북한을 통치해오고 있었던 것이다.

정부가 수립된 지 두 달이 조금 지난 10월 19일 밤, 여수에 주둔하던 제14연대의 좌익계열 군인들이 일반 장병들을 선동하여 반란을 일으켰다. 10월 20일 오전 9시경, 여수 시가지를 점령한 3천여 명의 반란군은 순천으로 진격했다. 20일 오후 3시경 순천을 완전히 장악한 반란군은 광양, 구례, 곡성, 고흥 등지로 세력을 넓혀나갔다. 이에 이승만 대통령은 계엄령을 선포하고 미군의 협조를 구해 반란군을 진압하기 시작했다.

10월 21일, 토벌군총사령관에 임명된 육군총사령관 송호성 준장이 광주에 도착했다. 송호성 사령관은 김백일(金白一) 대령이 이끄는 광주 5여단 예하의 4연대(광주 주둔)와 3연대(전주 주둔), 원용덕 대령이 지휘하는 대전 2여단 예하의 2연대(대전 주둔)와 12연대(군산 주둔), 그리고 부산 3여단 예하의 15연대(마산 주둔) 병력을 급파했다.

10월 22일, 순천을 탈환한 토벌군이 10월 27일에는 여수까지 탈환했고, 반란군의 잔당은 지리산으로 도주했다. 여수 14연대반란사건으로 군경뿐만 아니라 수많은 민간인들까지 희생됐다. 이 사건으로 1,714명이 군사 재판에 회부되었고, 그중 866명이 사형 선고를 받았다. 하지만 지리산으로 숨어든 반란군은 이후 끊임없이 게릴라전을 전개하여 국군의 골칫거리로 남았다.

초대 육군총참모장 취임

　1948년 12월 10일, 대한민국 국군 최초로 5명의 장성이 탄생했다. 해군의 손원일(孫元一, 당시 39세) 대령과 육군의 이응준(당시 58세), 송호성(당시 59세)[37], 채병덕(당시 33세)이 준장(准將)으로 진급했으며, 광복군 총사령부 참모장 출신의 김홍일(金弘壹, 당시 50세)이 국군 입대와 동시에 곧바로 준장으로 임명된 것이다. 이들 중 송호성을 제외한 이응준과 손원일, 김홍일, 채병덕 네 사람은 두 달 후인 1949년 2월에 소장(小將)으로 진급하게 된다.

　장군으로 진급한지 5일 후인 12월 15일, 이응준은 대한민국 초대 육군총참모장(육군참모총장)에 취임했다. 참으로 어려운 시기에 중책을 맡은 것이다. 여수 14연대반란사건이 일단 수습되기는 했지만, 지리산 일대로 숨어들어간 반란군의 잔당은 끊임없이 게릴라 활동을 벌였다. 더 큰 문제는 북한에서 남파한 인민유격대였다.

---

[37] 조선경비대 총사령관 송호성은 1947년 5월 1일부터 10월 11일까지 육군사관학교 교장을 겸직했는데, 그때 이미 준장이었다. 즉 송호성의 경우는 조선경비대 준장에서 육군 준장이 된 것이니, 진급이라고 볼 수 없겠다.

14연대반란사건으로 국군토벌대가 호남 및 경남지역에 집중적으로 투입되자 38도선 경비에 허점이 생겼다. 이를 무장 유격부대 침투의 호기로 판단한 북한은 1948년 11월 중순에 이른바 '인민유격대'를 남파했다. 그때를 시작으로 북한은 1950년 3월까지 10차에 걸쳐 총 2,345명에 달하는 유격대 병력을 남한에 침투시켰다. 오대산과 소백산 일대에서 준동했던 이들 대부분은 국군에 의해 소탕되었지만, 일부는 14연대 반란군의 잔여 병력과 합류하여 지방공비로 준동하게 된다.

이응준은 이들 게릴라와 인민유격대를 소탕하는 한편, 5만 장병들의 사상교육에 주력했다. 하지만 38도선 경계와 게릴라 소탕에 여념이 없던 장병들에게 따로 시간을 만들어 사상교육을 시킨다는 것이 여의치 않았다. 이에 이응준은 '사병훈(士兵訓)'을 전 부대에 배포하여 아침마다 낭독하게 했다. 그 내용은 다음과 같다.

우리는 대한민국의 진정한 군인이 되자.
진정한 군인이 되자면 군기가 엄정하여 상관의 명령에 충심으로 복종할 것이고, 상관을 존경하고 부하를 사랑하며 화목단결(和睦團結)할 것이며, 각자 맡은 책임에 성심성의(誠心誠意) 사력을 다하여 이것을 완수할 것이며, 나라와 백성을 사랑하여 그들로부터 신뢰를 받을 것이며, 공전(公戰)에 용감하고 사투(私鬪)에 겁내며 특히 음주폭행(飮酒暴行)을 엄금할 것이며, 정직 결백하여 부정행위가 절무(絶無)할 것이며, 극렬 파괴분자를 단호 배격하며 그들의 모략 선동에 엄연 동(動)하지 말 것이다.

이러한 군인이라야 비로소 우리 대한민국의 간성이 될 수 있는 것이며, 우리 동포의 옹호자가 될 수 있는 것이다.[38]

이응준이 해결해야 할 또 하나의 과제는 아직 군에 침투해있는 공산주의자들을 색출하는 것이었다. 여수 14연대반란사건이 몰고 온 후폭풍은 어마어마했다. 반란군들은 경찰을 비롯한 우익인사는 물론 그 가족들까지 무차별적으로 살상했다. 좌익의 잔혹함이 대한민국 전역에 알려졌고, 더구나 좌익이 군 내부에까지 깊숙이 침투했다는 것에 온 국민이 경악했다.

정부와 군 수뇌부에서도 군내 좌익문제를 해결하지 못하면 신생 대한민국이 더 이상 존속할 수 없을 것이라는 심각성을 깨닫게 되었다. 결국 정부와 군은 좌익이라는 환부에 메스를 들이댔다. 대대적인 숙군(肅軍)이 단행된 것이다. 육군본부 정보국장 백선엽(白善燁) 대령과 김안일(金安一) 대위, 그리고 김창룡(金昌龍) 대위가 숙군의 실무를 맡았다.

그 결과 최남근(崔楠根) 중령, 김종석(金鍾碩) 중령, 오일균(吳一均) 소령 등 군내 좌익 거물들이 잇달아 색출되었으며, 남로당 특별공작 책임자 이재복, 남로당 조직부장 이중업, 여간첩 김수임 등도 검거되었다. 6·25전쟁 전까지 4차에 걸친 숙군에서 1,327명이 색출됐다. 군법회의에 회부돼 사형당한 사람도 있었고, 실형을 선고받고 복역한 사람도 있었으며, 파면을 당한 사람도 있었다.

---

38) 국방부 군사편찬연구소, 「건군사」, PP. 58-59.

만약 이때 숙군을 하지 못했다면, 6·25전쟁 초기 국군은 좌익 군인들의 준동 때문에 제대로 전쟁을 치르지 못했을 것이다. 국군은 6·25전쟁 초기 낙동강 방어선으로 밀리는 최악의 상황 속에서도 중국 국민당 군대가 모택동 군대에게 부대단위로 집단 투항했던 것과 같은 자멸적인 행태는 보이지 않았다. 그때의 숙군으로 군내의 좌익세력을 완전히 제거함으로써 대한민국 국군은 큰 고비를 넘었던 것이다.

많은 과제가 있었지만, 무엇보다도 시급한 일은 미군의 철수 후를 대비하여 병력을 증강하는 일이었다. 주한미군 철수는 대한민국 정부가 수립된 1948년 9월 15일부터 시작됐다.

하지만 철군 과정 중에 여수 14연대반란사건이 일어나자 미국 정부는 대한민국의 안보에 다소 불안감을 가지게 되었고, 우리 정부의 요청에 따라 1948년 11월 15일, 제5연대전투단 7,500여 명을 한국에 잔류시키기로 결정했었다.

하지만 1948년 12월 25일, 소련군이 북한에서 철수를 완료했다는 성명을 발표하자 미국은 주한미군 철수를 재개했다. 결국 주한미군은 1949년 6월 29일, 완전히 철군하게 된다.

이응준 총장과 군 수뇌부는 주한미군이 떠나기 전까지 5만 명의 병력을 10만 명으로 늘린다는 계획 아래, 종전의 6개 여단을 8개 사단으로 증편하기 위해 온 힘을 기울였다. 하지만 사단승격을 불과 일주일 앞둔 1949년 5월 4일과 5일에 대형사건이 터지고 말았다.

숙군이 계속되자(1954년 10월까지 7차에 걸쳐 계속됨) 좌익 군인들은 조만

간 자신도 체포될 것이라는 불안감에 떨어야 했다. 춘천에 주둔하고 있던 제8연대 제1대대 표무원(表武源) 대대장과 홍천에 위치한 제8연대 제2대대 강태무(姜泰武) 대대장도 그들 중의 하나였다. 이들이 기어코 사고를 냈다. 대대원들을 데리고 북한으로 넘어가려고 한 것이다.

북한군과 미리 내통을 마친 표무원 소령이 5월 4일 새벽, 대대원 500여 명을 데리고 38도선으로 향했다. 대대원들은 아무 의심 없이 대대장을 따랐다. 5월 5일 새벽에는 강태무 소령도 대대원 300여 명을 데리고 38도선을 넘었다. 춘천과 홍천에서 하루의 시차를 두고 벌어진 일이었다.

38도선을 넘어가자 기다리고 있던 북한군이 이들을 포위했다. 표무원과 강태무는 대대원들에게 투항을 권유했다. 하지만 대대원들은 투항을 거부하고 완강하게 저항했다. 교전 끝에 많은 장병들이 전사하거나 포로가 되었지만, 1대대 293명과 2대대 138명은 무사히 원대 복귀했다. 일명 '강·표 월북사건'이었다.

대대병력 규모의 월북사건은 그야말로 엄청난 사건이었다. 보고를 받은 이승만 대통령은 큰 충격에 빠졌다. 5월 8일, 이응준은 이 사건에 대한 책임을 지고 신성모(申性模) 국방부장관(2대, 1949. 3. 20.~1951. 5. 5.)에게 사직서를 제출했다. 불과 6개월 만에 육군 총수의 자리에서 물러나게 된 것이다.

초대 3사단장으로 공비토벌에 나서다

1949년 5월 12일, 육군이 종전의 6개 여단을 사단으로 승격시켰다. 3개의 보병연대로 편성된 1개 사단의 총인원은 10,561명으로 규정했다. 이어 6월 20일에 다시 제8사단과 수도경비사령부를 창설하여 국군의 규모는 8개 사단 22개 연대로 확충되었다.

〈표-3〉 국군 8개 사단 창설(1949. 5. 12.~ 1949. 6. 20.)

사단	창설일	창설지	초대지휘관	예하부대 편성	비고
제1사단	1949. 5. 12.	수색	대령 김석원	제11, 12, 13연대	제1여단 승격
제2사단	1949. 5. 12.	대전	대령 유승렬	제5, 16, 25연대	제2여단 승격
제3사단	1949. 5. 12.	대구	소장 이응준	제22, 23연대	제3여단 승격
제5사단	1949. 5. 12.	광주	준장 송호성	제15, 20연대	제5여단 승격
제6사단	1949. 5. 12.	원주	대령 유재흥	제2, 7, 9연대	제6여단 승격
제7사단	1949. 5. 12.	서울	대령 이준식	제1, 19연대	제7여단에서 수도사단으로 승격 (6월 10일에 7사단으로 개칭)

제8사단	1949. 6. 20.	강릉	준장 이형근	제10, 21연대	
수경사	1949. 6. 20.	서울	대령 권준	제3, 8, 기갑연대	

(출처: 국방부 군사편찬연구소, 「韓美 軍事 關係史」, p. 259.)

1949년 6월 초, 이응준이 초대 3사단장에 임명됐다. 문책성 인사로 육군총참모장에서 물러난 지 약 1개월 만이었다. 육군 총수에서 물러나면 전역을 하는 것이 지금의 상식이지만, 당시의 사정은 지금과 달랐다. 그 이유는 경험 많은 지휘관이 거의 없었다는데 있었다.

건군 초기, 부대는 연대에서 여단으로, 여단에서 사단으로 규모가 계속 확장되고 있었지만, 장교들의 수준은 그에 미치지 못했다. 당시 장교들의 평균 연령은 20대 후반에서 30대 초반이었다. 거기에는 이유가 있었다.

우선 일본군 계열을 살펴보자. 일본 군부는 이응준을 비롯한 26기와 27기가 임관한 이후, 거의 20여 년 동안 육군사관학교에 조선인을 받아들이지 않았나. 1910년, 일본에게 강제로 나라를 빼앗기자 조선인들 사이에서는 당연히 일본을 증오하는 배일풍조(排日風潮)가 만연했다.

따라서 일본은 골치 아픈 조선인들을 구태여 군 장교로 키우려 하지 않았다. 또한 조선인들이 다니는 중학교에는 교련과목을 설치하지 않아(1934년 9월부터 교련 실시), 교련이 입시과목에 포함된 육군사관학교 시험에 응시하기가 쉽지 않았다.

예외가 있기는 했다. 당시 일본 왕족의 남자들은 반드시 육사에 진학해야 했는데, 일본은 그 기준을 적용하여 조선의 왕공족(王公族)도 육사에 입교시켰다. 고종황제의 일곱째 아들인 영친왕(英親王) 이은(李垠)이 29기로 일본 육사를 졸업했고, 고종황제의 다섯째 아들인 의친왕(義親王) 이강(李堈)의 두 아들 이건(李鍵)과 이우(李鍝)가 각각 42기와 45기로 졸업했다.

또 다른 예외는 영친왕 이은의 '어학우(御學友)' 조대호(趙大鎬)와 엄주명(嚴柱明)이었다. 1907년, 일본은 고종황제를 퇴위시키고, 고종의 둘째 아들 이척(李坧)을 순종황제로 등극시키면서 일곱째 아들인 이은을 황태자에 책봉했다. 그때 이은의 나이 10세였다.

이은은 황태자 책봉 직후인 그해 12월, 유학 명목으로 일본에 끌려가게 되는데, 그때 이은을 모시기 위해 이른바 '어학우'로 딸려 보낸 사람들이 조대호(당시 12세)와 엄주명(당시 11세)이었다. 조대호는 이완용 내각의 대신이었던 조중응(趙重應)의 아들이었고, 엄주명은 고종황제의 계비(繼妃)인 엄귀비(嚴貴妃)의 조카로 영친왕 이은과는 외사촌 간이었다. 조대호는 영친왕과 함께 29기로 졸업했고, 중도에 몸이 아파 1년 동안 병을 치료했던 엄주명은 30기로 졸업했다.

아주 특이한 경우가 45기 이형석(李炯錫, 1909년생)이었다. 그는 왕공족이나 귀족이 아닌 순수한 민간인으로서 일본 육사 시험에 응시하여 합격한 첫 번째 조선인이었다.

1931년에 만주사변을 일으켜 만주를 집어삼킨 후, 일본 군부의 태

이형석

도가 돌변했다. 1932년부터 한반도 내의 중학교(5년제)에 파견 나와 있던 배속장교(配屬將校)들이 우수한 조선인 학생들에게 육사 지원을 권유하기 시작한 것이다. 만주에 이어 중국 대륙까지 침공하려는 일본군으로서는 우수한 장교의 충원이 필요했던 것이다.

그 결과 1933년 4월에 채병덕(蔡秉德, 1915년생)과 이종찬(李鍾贊, 1916년생)이 49기로 일본 육사에 입교한 것을 시작으로, 이후 61기까지 총 72명이 일본 육사에 들어가게 된다. 이들 중 선두주자였던 채병덕과 이종찬의 광복 당시 계급은 일본군 소좌(소령)였다.

경험이 없기로는 만주군 계열도 마찬가지였다. 만주를 점령한 일본은 1932년 3월 1일, 신경(新京: 지금의 장춘)을 수도로 하여 만주국(滿洲國)을 건국했다. 그리고 청조의 마지막 황제인 부의(溥儀)를 꼭두각시 황제로 내세웠다.

만주군은 만주국이 건국되던 1932년에 창설된 만주국 국군이었다. 만주군은 1932년 11월 1일, 봉천(奉天: 지금의 심양)에 2년 단기의 군관양성소인 중앙육군훈련처(봉천군관학교)를 설립하여 장교를 양성했다. 이후 1939년 3월, 신경에 4년제 정규코스인 신경군관학교(新京軍官學校)

를 설립하면서 봉천군관학교를 폐교시킨다.

정일권(丁一權, 봉천군관학교 5기), 김백일(金白一, 봉천군관학교 5기), 백선엽(白善燁, 봉천군관학교 9기), 박정희(朴正熙, 신경군관학교 2기) 등이 이들 군관학교를 거쳐 만주군 장교로 임관했는데, 그들 중 선두주자인 정일권(1917년생)의 광복 당시 계급은 만주군 대위였다. 군의관 출신인 원용덕도 있었지만 특별한 경우였고, 만주군 출신의 주류는 봉천군관학교 5기생들이었다.

왼쪽으로부터 ②정일권 ③채병덕 ④김백일

일본군과 만주군 출신 모두 경험이 적은 젊은 장교들이었던 것이다. 1949년의 대한민국 육군에는 이들 젊은 장교들이 연대장이나 여단장의 중책을 맡고 있었다. 심지어 사단장까지 진출한 사람도 있었다.

8개 사단 창설 시, 6사단장 유재흥(劉載興) 대령은 일본군 대위(일본 육사 55기) 출신으로 28세에 불과했고, 역시 일본군 대위(일본 육사 56기) 출신인 8사단장 이형근(李亨根) 준장은 29세였다. 더 놀라운 것은 이응준의 후임으로 제2대 육군총참모장에 임명된 사람이 일본군 소좌 출신의 채병덕(당시 34세) 소장이었다는 사실이다. 채병덕은 이후 한 번 더 육군총참모장직(4대)을 수행한다.

일본군과 만주군 출신에 비해, 오랫동안 항일투쟁을 전개했던 광복군 계열은 노쇠(老衰)한 세대였다. 조선경비대 총사령관을 역임했던 5사단장 송호성 준장은 60세의 고령이었고, 7사단장 이준식(李俊植) 대령과 수도경비사령관 권준(權晙) 대령도 각각 48세와 54세로 적지 않은 나이였다.

몇 명 남지 않은 일본 육사 26기와 27기의 경우도 다르지 않았다. 일본 육사 27기 출신인 1사단장 김석원과 26기 출신인 2사단장 유승렬(6사단장 유재흥의 아버지)은 두 사람 모두 56세였다. 그리고 26·27기의 좌장격인 이응준의 나이는 59세였다.

건군 초기 대한민국 육군에는 중간 계층이 너무 부족하여 온통 젊은이들 일색이었다. 따라서 원로들의 축적된 경험이 요구되었다. 그것이 이응준이 다시 3사단장에 발탁된 이유였다. 한마디로 쓸 만한 사람이 없었던 것이다.

그런 실정을 잘 알고 있기에 이응준은 군복을 벗지 못한 것인가? 당시 이응준의 나이는 만으로 59세, 우리 나이로 60세였다. 게다가 이미 육군 총수까지 지낸 후였다. 나 같으면 은퇴를 했을 것 같은데, 이응준은 두말없이 임지인 대구로 내려갔다. 무엇이 그를 군에서 못 떠나게 했는지 참으로 궁금한 부분이다.

제3사단은 경상남북도를 관할하는 사단으로, 이응준의 주 임무는 산악지대를 거점으로 준동하는 공비(共匪)[39]들을 소탕하는 일이었다. 우리 군이 후방의 공비와 북한에서 남파한 인민유격대를 소탕하느라고 주변을 살펴볼 여유가 없던 1949년, 동북아시아에서는 엄청난 일이 벌어지고 있었다.

일본군이 중국대륙에서 쫓겨난 후, 모택동의 공산당과 장개석의 국민당이 벌인 내전에서 모택동이 승리를 쟁취한 것이다. 1949년 10월 1일, 중국 적화에 성공한 모택동이 북경 천안문 광장에서 중화인민공화국 정부의 수립을 선언했다.

그해 12월, 모택동은 소련방문을 단행했다. 소련의 지도자 스탈린의 70회 생일을 축하하고 소련과의 관계를 증진하기 위한 방문이었다. 이후 두 달에 걸친 긴 교섭 결과 중공과 소련은 우호동맹과 상호원조조약을 체결했다. 이제 대한민국은 공산주의 동맹국가인 소련, 중공, 북한에 에워싸이게 된 것이다.

1950년 4월, 이응준이 전남 광주의 제5사단장으로 부임했다. 5사단장으로 재임할 때의 주 임무도 3사단장 때와 같은 공비토벌이었다. 5

---

39) 공비(共匪): 공산비적(共産匪賊)의 준말로, 공산당 유격대를 말함

사단 예하에는 15연대(전주)와 20연대(광주)가 있었다. 이응준은 부임하자마자 두 연대를 지리산(智異山)과 백운산(白雲山) 일대에 분산 배치하여 공비토벌에 힘을 쏟는다.

6·25전쟁과 미아리지구방어전투

1950년 6월 25일 새벽 4시, 소련제 T34 전차와 76㎜ 자주포를 앞세운 북한군이 전면적인 기습 남침을 개시했다. 당시 38도선은 4개 사단과 1개 독립연대가 방어하고 있었다.

옹진반도에는 백인엽(당시 27세) 대령의 독립 17연대가 주둔하고 있었으며, 개성·문산 방면은 백인엽 대령의 친형인 백선엽(당시 30세) 대령의 1사단, 동두천·의정부 방면은 유재흥(당시 29세) 준장의 7사단, 춘천 방면은 김종오(당시 29세) 대령의 6사단, 강릉과 주문진 방면은 이성가(당시 28세) 대령의 8사단이 각각 방어하고 있었다.

〈표-4〉 국군 사단 현황 (1950. 6. 25. 현재)

사단	창설일	사단장	예속 연대	위치	비고
제1사단	1949. 5. 12.	대령 백선엽	제11, 12, 13연대 제6포병대대 공병대대	서울 수색	제1여단 승격
제2사단	1949. 5. 12.	준장 이형근	제5, 16연대 포병대	대전	제2여단 승격

제3사단	1949. 5. 12.	대령 유승렬	제22, 23연대 보국대대, 포병대	대구	제3여단 승격
제5사단	1949. 5. 12.	소장 이응준	제15, 20연대 제1독립대대 포병대	광주	제5여단 승격
제6사단	1949. 5. 12.	대령 김종오	제2, 7, 19연대 제16포병대대 공병대대	원주	제6여단 승격
제7사단	1949. 6. 20.	준장 유재흥	제1, 9, 25연대 제8포병대대 공병대대	의정부	수도사단을 개칭
제8사단	1949. 6. 20.	대령 이성가	제10, 21연대 제18포병대대 공병대대	강릉	
수도경비사령부	1949. 6. 20.	대령 이종찬	제3, 8, 18연대	서울	

(출처: 국방부 군사편찬연구소, 「建軍史」, p. 168.)

상황은 심각했다. 소련과 중공의 지원 아래 20만에 이르는 대병력을 보유한 북한군은 242대의 소련제 T34 전차와 신형 중화기로 무장한 근대화된 군대였다. 반면, 국군은 현대전의 필수 장비라 할 수 있는 탱크를 단 한 대도 보유하고 있지 않았으며, 105㎜ 곡사포 등 구형 야포로 무장하고 있었다. 게다가 병력도 북한군의 절반 수준밖에 되지 않았다. 국군은 급격히 붕괴됐다.

25일 08시, 5사단사령부로 육군본부가 보낸 급전(急電)이 날아왔다.

'38도선 전역에 북한군 침입, 제5사단은 전 병력을 12시까지 용산역에 집결시키라.'

명령을 받은 이응준은 난감했다. 사단 예하의 부대들이 지리산과 백운산 일대에서 공비를 토벌하고 있는 중이었기 때문이었다. 이응준은 우선 전주에 주둔하고 있던 예비대인 15연대 3대대와 백운산으로 이동하고 있던 20연대 3대대를 서울로 급파했다. 서울에 도착한 이들 대대는 1사단을 지원하라는 명령을 받고 문산(汶山)으로 출동했다.

26일에는 15연대 2대대와 20연대 1대대가 서울에 도착했다. 바로 이날 의정부가 적의 손에 넘어가자, 육군본부는 20연대장 박기병(朴基丙) 대령을 지휘관으로 양 대대를 서울의 관문인 미아리(彌阿里)고개에 배치했다.

27일 07시경, 사단사령부 병력을 이끌고 용산역에 도착한 이응준이 육군본부로 달려가자, 채병덕 총장이 반색을 하며 입을 열었다.

"잘 오셨습니다. 지금 즉시 미아리 방면으로 출동하여 서울을 방어해주십시오."

채병덕은 즉석에서 이응준을 '미아리지구전투사령관'에 임명했다. 당시 가장 위급한 곳은 미아리지구였다.

개성과 문산 방면을 지키던 1사단은 개전 첫날인 25일 오전 9시 경, 적에게 개성을 빼앗겼다. 하지만 이후 전열을 재정비하여 문산과 봉일천(奉日川) 일대에서 북한군을 잘 막아내고 있었다. 이응준이 보낸 15연대 3대대와 20연대 3대대도 분투(奮鬪)하고 있었음은 물론이다.

춘천 방면의 6사단은 가장 선전(善戰)한 부대였다. 6사단장 김종오 대령은 천혜의 방어선인 소양강과 북한강, 그리고 홍천 말고개 등의 지형을 적절하게 이용하여 북한군 2군단 예하 2사단과 7사단에게 치명적인 타격을 가했다.

김일성이 춘천전투의 패전을 물어 2사단장 이청송(李靑松) 소장을 최현(崔賢) 소장으로, 7사단장 전우(全宇) 소장을 최충국(崔忠國) 소장으로, 2군단장 김광협(金光俠) 소장을 김무정(金武亭) 중장으로 교체할 정도였다.

이성기 대령이 지휘한 강릉 방면의 8사단도 선전한 부대였다. 8사단을 공격한 북한군 부대는 마상철(馬相喆) 소장의 5사단과 766부대, 그리고 945육전대였다. 북한군은 5사단으로 정면을 공격하고, 766부대와 945육전대를 정동진과 임원진에 상륙시켜 후방을 치는 협공작전을 펼쳤다.

8사단은 강원도 산간지방에 준동하고 있던 공비를 토벌하기 위해 병력을 남북으로 길게 배치하고 있었기 때문에 북한군의 공격을 방어하기에 매우 불리한 상황이었다. 그런 상황에서도 이성가 대령은 천연장애물인 연곡천-사천 선에서 북한군의 공격을 잘 막아내고 있었다.

문제는 7사단이 맡고 있던 포천-동두천-의정부 축선이었다. 이 축선에는 천혜의 방어망인 하천이 없었다. 문산 방면에는 임진강, 춘천 방면에는 소양강과 북한강, 강릉 방면에는 연곡천과 사천 등이 있었으나, 의정부 방면에는 강이 없어 지형적으로 방어하기에 불리했다.

그리고 이 축선에는 북한군의 최정예인 1군단 예하 이영호(李英鎬) 소장의 3사단과 이권무(李權武) 소장의 4사단, 그리고 105전차여단 예하의 107전차연대와 109전차연대가 투입됐다. 북한군 전력 중 거의 1/3

이 이쪽 방면으로 밀고 내려온 것이다.

　채병덕 총장이 7차례나 의정부 전선에 나가 독전(督戰)을 하고, 대전의 2사단까지 투입했지만, 깨진 항아리에 물 붓기였다. 개전 당일 포천과 동두천이 떨어졌고, 26일에는 의정부마저 무너져 창동(倉洞) 지역으로 밀리고 있었다. 27일 04시경, 북한군의 전차가 창동(倉洞)저지선에 출몰하여 교전이 벌어지기 시작했다. 이제 남은 저지선은 미아리 방면뿐이었다.

　이응준이 미아리고개에 도착한 시각은 10시경이었다. 11시경, 15연대 2대대와 20연대 1대대를 지휘하던 박기병 대령으로부터 부대배치 상황을 보고받았다. 이윽고 7사단장 겸 의정부지구전투사령관인 유재흥 준장을 만난 이응준은 청량리–월곡동–종암동–미아리–정릉동을 연결하는 일명 '미아리지구저지선' 형성에 대해 논의했다.

　논의 끝에, 의정부–서울 간 3번 도로를 중심으로 좌측은 이응준이, 우측은 유재흥이 담당하기로 합의했다. 즉 미아리고개 서쪽은 이응준이, 동쪽은 유재흥이 맡기로 한 것이다. 저지선의 지역이 워낙 넓은데다가, 통신시설마저 없었기 때문에 지역을 나누어 지휘하는 것이 효과적이었기 때문이다.

　이응준은 미아리고개에 지휘소를 설치하고, 서둘러 방어진지를 구축했다. 12시경, 창동저지선이 무너졌다. 후퇴하는 장병들이 미아리저지선으로 몰려들었다. 이응준은 철수 병력을 모아 혼성부대를 편성했다. 장교 3~4명에 사병 80~90명으로 중대를 임시 편성하여 각 저지선에 배치했다.

16시경, 미아리저지선의 윤곽이 잡혔다. 5사단 예하 2개 대대, 수도경비사령부 8연대 예하 1개 대대, 2사단과 7사단의 잔여병력으로 편성한 혼성부대 등을 모두 합해 병력은 약 3,000여 명에 불과했다. 중화기의 수도 105㎜ 곡사포 6문, 57㎜ 대전차포 8문, 81㎜ 박격포 15문이 전부였다.

17시경, 북한군 4사단 병력이 20여 대의 전차를 앞세우고 미아리고개 쪽으로 다가왔다. 북한군 선두 전차가 길음교(吉音橋)를 지나갈 때, 그 좌측에 배치되어 있던 20연대 1대대가 일제히 사격을 개시했다. 57㎜ 대전차포가 선두 전차의 측면에 명중했지만, 전차는 끄덕도 하지 않았다. 당시 국군이 보유하고 있던 57㎜ 대전차포나 2.36인치 로켓포로는 소련제 T34 전차의 장갑(裝甲)을 뚫을 수 없었다.

잠자는 사자의 코털을 건드린 격이었다. 전차는 유유히 포신을 돌려 57㎜ 대전차포를 향해 포탄을 발사했다. 순식간에 57㎜ 대전차포가 파괴되었고, 사격조원 6명이 몰살당했다. 개전 이후 아군이 줄곧 적의 전차에 당했던 상황이 되풀이되고 있었다. 이 때문에 당시 아군은 '전차 공포증'에 걸려있었다.

적 전차가 다시 전진하기 시작했다. 이때 연대 정보장교 문연섭(文鏈燮) 중위가 2.36인치 로켓포를 들고 전차의 바로 옆까지 달려갔다. 차체를 공격해봐야 소용없다고 생각한 문 중위는 캐터필러(caterpillar, 무한궤도)에 로켓포를 발사했다. 그의 생각은 적중했다. 캐터필러가 파괴

된 적의 전차가 주저앉고 만 것이다.

  다리가 막히자 뒤따르던 전차들이 후퇴하기 시작했다. 이때를 노려 아군의 모든 화기가 불을 뿜었다. 적 전차 20여 대 중 무사히 돌아간 전차는 10여 대에 불과했다. 알고 보니 적의 전차 20여 대 중 10여 대는 나무와 풀로 위장한 장갑차와 트럭이었다. 아군의 포격에 적 장갑차와 차량들이 불길에 휩싸였다. 대승이었다. 20연대 1대대가 서전을 승리로 장식함으로써 후퇴만을 계속해 온 장병들은 용기백배했다.

  이윽고 폭우가 쏟아지기 시작했다. 비는 23시경에야 잦아들었다. 이응준을 비롯한 지휘관들은 적이 다음 날 아침에야 다시 공격해올 것이라고 판단했다. 폭우 때문에 야습을 감행하지는 않을 것이라고 생각한 것이다.

  하지만 24시 무렵, 북한군이 다시 미아리를 급습했다. 게다가 피난민으로 가장하여 미리 잠입한 유격대가 이에 호응했다. 적은 미아리 삼거리에 설치된 장애물들을 제거하고 길음교로 접근했다.

  접근하는 적의 전차를 향해 57㎜ 대전차포와 2.36인치 로켓포가 일제히 불을 뿜었지만, 소용없는 일이었다. 적 전차는 전차포와 기관총을 난사하며 유유히 다가왔다. 결국 서울의 최종보루인 미아리저지선이 무너졌다. 이응준과 아군은 분루(憤淚)를 삼키며 산산이 흩어져 후퇴했다. 28일 01시경, 적 전차가 미아리고개를 넘어 서울에 진입했다. 6·25전쟁이 발발한지 불과 사흘 만에 적에게 수도 서울을 내주고 만 것이다.

'하늘이 무너져도 솟아날 구멍은 있다.'고 했던가, 절망적이던 국군에게 한줄기 서광(曙光)이 비추었다. 28일 04시(미국 시각 6월 27일 15시)에 열린 UN안전보장이사회 2차 회의에서 UN군 파병을 결정한 것이다. 이제 남은 일은 UN군이 들어올 때까지 북한군의 진격을 최대한으로 저지하는 것이었다.

이날, 채병덕 총장은 육군참모학교장 김홍일(金弘壹, 당시 52세) 소장을 시흥지구전투사령관에 임명하고 한강을 방어해달라고 요청했다. 사단 규모의 전투 능력자가 오직 김홍일 장군 한 사람뿐이었기 때문이었다. 당시 사단장급 지휘관들 중 중대급 이상의 부대를 지휘하여 정규전(正規戰)을 수행한 경력을 가진 사람은 단 한 사람도 없었다.

이응준도 군 경력은 많았지만, 정규전에서 전투부대를 지휘해본 적은 없었다. 공비들을 대상으로 소규모의 전투를 수행한 경험은 있었지만, 정규군(正規軍)을 상대로 하는 큰 전투는 해본 적이 없었던 것이다. 최고 원로인 이응준이 이럴진대, 다른 사단장들은 오죽했겠는가.

김홍일 장군은 중국 국부군(國府軍) 제19사단장으로 복무하던 1941년 3월, 일본군 제33사단·제34사단·제20혼성여단을 상대로 치열한 공방전을 벌인 상고회전(上高會戰)에서 34사단장 이와나가 소장을 포함하여 적 7천여 명을 사살하는 대전과를 거뒀던 역전의 명장이었다.

김홍일은 뿔뿔이 흩어져 철수하는 아군 병력을 모아 혼성수도사단·혼성7사단·혼성2사단 등 혼성부대를 편성하여, 노량진-영등포-

한강 남안을 연하는 선에 한강방어선을 구축했다. 그때부터 김홍일은 북한군 제1군단을 맞아 악전고투를 벌여 북한군의 남진을 6일 동안이나 저지했다. 미 지상군이 한국 전선에 투입될 수 있는 시간을 벌어주었던 것이다.

김홍일

고난의 후퇴 길, 그리고 예편

천신만고 끝에 한강을 도하한 이응준은 28일 오후, 수원농업시험장으로 옮겨간 육군본부에 합류하여 채병덕 총장과 재회했다. 이응준은 그 자리에서 '수원지구방위사령관'에 임명됐다. 철수하는 장병들을 모아 수원 일대를 방어하는 것이 임무였다. 이응준은 장병들을 모아 방어진지를 구축하기 시작했다. 하지만 7월 3일, 한강방어선이 무너지면서 다시 후퇴 길에 올라야 했다.

한편, 6월 30일에 채병덕 총장이 경질되고, 7월 1일부로 정일권(당시 33세) 소장이 제5대 육군총참모장에 취임했다. 이날, 미군 선발대인 미 육군 24사단 21연대 1대대, 일명 스미스부대가 부산 수영비행장에 도착했다.

정일권 총장은 미 전방지휘소 단장 처치(John H. Church) 준장을 방문하여 한국군과 미군의 전선배치에 대한 합의를 보았다. 경부국도 쪽으로 밀고 내려오는 화력이 가장 강한 북한군의 주공(3사단, 4사단, 105전차사단: 서울 점령 후 105전차여단을 사단으로 승격)은 미군이 막고, 경부국도의 오른 편은 국군이 담당하기로 한 것이다.

7월 5일, 스미스부대가 오산 북방 죽미령 일대에서 북한군 4사단 소속 2개 연대와 교전을 벌였다. 하지만 불과 여섯 시간 만에 150명이 전사하거나 행방불명이 되고, 72명이 포로로 잡히는 완패를 당하고 말았다. UN군 후속부대가 당도할 때까지 시간을 벌어야 했다. 국군과 미군은 있는 힘을 다해 북한군의 진격을 저지하면서 후퇴했다.

한강방어선이 무너지자 육군본부가 대전으로 옮겨갔다. 뒤따라 대전으로 향하던 이응준에게 '전남편성관구사령관(全南編成管區司令官)'이라는 직책과 함께 새로운 임무가 주어졌다. '광주로 내려가 가급적이면 조속하게 신병을 모집하라.'는 것이었다.

광주에 도착한 이응준은 전남 일대에서 신병을 모집하기 시작했다. 하지만 전황이 그것을 허락하지 않았다. 7월 20일, 대전이 함락됐다. 이후 낙동강까지 밀려 내려간 국군과 UN군은 8월 초, 대구를 중심으로 오른쪽으로는 포항, 왼쪽으로는 마산을 잇는 낙동강방어선을 구축하게 된다. 더 이상 물러날 수 없는 궁지에 몰리게 되는 것이다.

한편, 북한군 6사단이 따로 떨어져 호남지역으로 기동하고 있었다. 북한군 6사단의 임무는 서해 방면의 국군을 추격하여 목포항과 여수항을 접수한 후, 마산을 공격하는 것이었다. 마산으로 우회하여 최종 목표인 부산을 공격하겠다는 우회전술이었다.

7월 20일, 전주가 함락됐다. 육군본부에서 전남지역을 사수하라는 명령이 내려왔지만, 약 80여 명의 병력만을 보유하고 있었던 이응준으로서는 불가능한 임무였다. 7월 23일에는 광주, 25일에는 순천(順天)이 적의 손에 넘어갔다. 여수(麗水)까지 밀린 이응준은 7월 27일, 해군이 보낸 LST를 타고 마산으로 철수하게 된다.

북한군 6사단의 진격은 8월 초, 마이켈리스(John H. Michaelis) 대령이 지휘하는 미 25사단 27연대와 해병대 김성은(金聖恩) 부대가 마산 서쪽 진동리(鎭東里)에서 막아낸다.

6·25전쟁은 군의 세대교체를 촉진했다. 젊은 군인들이 부상(浮上)하고, 몇 명 남지 않은 원로들이 도태되는 계기가 되었던 것이다. 전쟁은 젊은 군인들의 몫이었다. 젊기 때문에 미숙했지만, 그들은 점차 역전의 명장으로 거듭나고 있었다. '6·25전쟁은 나이 어리고 경험이 없던 국군 지휘관의 지휘능력을 향상 시킨 전쟁학 강의 그 자체'라는 말이 나올 정도였다.

경제가 어려워 제대로 먹지 못하고, 의료 환경마저 열악했던 1950년대에는 50대에만 접어들어도 고령이었다. 장병을 진두지휘하여 전투를 수행하는 것은 체력적으로 무리였다. 이 때문에 몇 명 남지 않은 군 원로들이 자연스럽게 뒷전으로 밀려났다.

한강방어선을 6일이나 지켜냈고, 이후 초대 1군단장(7월 5일에 창설)을 맡아 낙동강방어선 전투에서 분전했던 김홍일(당시 52세) 장군이 9월 1일에 스스로 군단장직에서 물러나 육군종합학교 교장으로 자리를 옮긴 것도 건강과 체력 문제 때문이었다.

신성모

    당시 환갑(還甲)으로 군의 최고 원로였던 이응준도 뒷전으로 밀려났다. 이응준과 사이가 좋지 않았던 신성모 국방부장관의 입김도 작용했다. 8월 초, 이응준은 마산지구계엄사령관에 임명됐다. 하지만 재임 20여 일도 지나기 전인 8월 말에 제주지구계엄사령관으로 전임되고 만다. 그리고 11월에는 다시 전남계엄민사부장(全南戒嚴民事部長)에 임명된다. 이에 더 이상 군에 미련을 갖지 말자고 생각한 이응준은 1950년 11월, 육군 소장으로 예편한다.

육군대학 총장으로 현역 복귀

1950년 9월 15일에 실시된 인천상륙작전의 성공으로 전세가 역전됐다. 아군이 인천과 서울을 수복함에 따라 보급선이 끊긴 북한군은 '독 안에 든 쥐' 꼴이 되고 말았다. 북한군은 황급히 북으로 퇴각했다. 상황이 바뀌어 아군이 북쪽으로 진격했다. 하지만 국군 6사단 7연대가 압록강까지 진격한 10월 25일, 돌연 중공군이 나타나 아군의 배후를 쳤다. 한반도의 사태를 주시하고 있던 중공군이 결국 참전한 것이다.

다시 남쪽으로 밀린 아군은 1951년 1월 4일에 서울을 또 빼앗기고 만다. 하지만 아군은 곧 반격에 나서 38도선 부근까지 밀고 올라갔다. 6월 23일, UN주재 소련대사 말리크가 UN군 측에 휴전회담을 제의했다. 끊임없는 소모전에 지친 공산군과 UN군 모두 전쟁을 중지해야 한다는데 의견을 함께했다.

1951년 7월 10일, 개성에서 제1차 휴전회담 본회담이 열렸지만, 이후 회담은 2년여에 걸쳐 지루하게 계속된다. 이때부터 6·25전쟁의 양상이 많이 달라졌다. 개전 초기 북한군이 낙동강까지 밀고 내려왔던,

그리고 우리가 반격에 성공하여 압록강까지 밀고 올라갔던, 전면적으로 밀고 밀리는 전투가 사라진 것이다.

이후 2년여 동안의 전투는 UN군과 공산군이 38도선 부근에서 서로 유리한 지형, 즉 적을 내려다볼 수 있는 고지를 확보하기 위한 '고지쟁탈전' 형태로 변모했다. 전쟁이 전면전 양상에서 고지쟁탈전의 형태로 소강상태에 들어가게 되자, UN지상군사령관 겸 미8군사령관 밴 플리트(James A. Van Fleet, 1951년 4월 14일 부임) 대장이 국군에 대한 재교육을 실시했다.

워커(Walton H. Walker)와 리지웨이(Ridgway, Matthew)에 이어 제3대 UN지상군사령관으로 부임한 밴 플리트는 역대 사령관 중 이승만 대통령과 가장 친밀하게 지낸 인물이었다.

밴 플리트

밴 플리트는 대한민국에 부임하자마자 이승만 대통령부터 방문했다. 그리고 이승만을 처음 대하는 순간부터 노(老) 대통령의 애국심과 내면적인 강인함에 감복하고 만다. 이후 그는 이승만 대통령을 '위대한 애국자, 강력한 지도자, 강철 같은 사나이, 카리스마적인 성격의 소유자'라고 흠모하면서 친아버지처럼 모셨다.

그는 주말마다 이승만 대통령 부처를 저녁식사에 초대하여 자신이 직접 스테이크를 썰어 접시에 덜어주는 등 극진하게 대접했다. 이승만 대통령 또한 자신이 만난 미군 장성들 중에서 밴 플리트 장군을 가장 아끼고 총애했다.

이승만 대통령은 시종일관 미군 측에게 "우리에게는 100만 명의 용감한 젊은이들이 있다. 미군이 무기와 장비만 제공하면 즉시 전투에 투입할 수 있다."며 한국군을 20개 사단으로 증설해야 한다고 요구했지만, 거부당하곤 했다.

이승만 대통령의 이 주장에 처음으로 귀를 기울인 사람이 밴 플리트였다. 하지만 밴 플리트는 한국군에게 무기와 장비를 지급하기 전에 재교육부터 하는 것이 시급하다고 생각했다. 무기와 장비를 모두 내버리고 후퇴하는 한국군의 모습을 여러 번 목격했기 때문이었다. 밴 플리트는 한국군을 강하고 안정적인 군대로 육성하기 위해서는 한국군의 체질을 기초부터 바꾸는 집중적인 훈련이 필요하다고 판단했던 것이다.

밴 플리트의 생각에 이승만 대통령도 찬성했다. 이에 국군에 대한

대대적인 재교육이 시작됐다. 미 군단(軍團)들이 강원도 양양 등지에 설치된 교육훈련장으로 한국군 10개 사단을 차례로 불러들여 9주 동안 혹독한 교육훈련을 실시했다.

교육훈련은 기본적인 무기사용법에서부터 전술훈련에 이르기까지 다양하게 실시되었으며, 모든 훈련은 반드시 테스트 과정을 거쳤다. 분대에서 소대, 중대, 대대 순으로 각종 훈련이 실시되었고, 기본적인 점수를 획득하지 못하면 과감하게 처음부터 다시 훈련을 시켰다.

훈련의 대상은 장병들뿐만이 아니었다. 사단장을 비롯한 장교들도 엄격한 교육을 받아야 했다. 미군 장교들이 우리 장교들에게 거의 일대일로 맞춤형 교육을 실시했다. 전투병과뿐만 아니라 정보, 인사, 병참, 통신, 수송, 공병 등 모든 분야에서 일대일 현장교육이 이뤄졌다.

밴 플리트의 공헌은 그것뿐만이 아니었다. 이승만 대통령의 뜻을 받들어, 전쟁으로 폐교되었던 각 병과학교를 재건하였다. 한편으로는 새로운 교육기관도 창설했다. 6·25전쟁 발발과 함께 폐교됐던 육군사관학교가 1951년 10월 30일, 경남 진해에서 다시 문을 열었으며, 이틀 앞선 10월 28일에는 고급 지휘관들을 대상으로 미국식 지휘학과 참모학 등을 가르치는 육군대학이 창설됐다.

육군대학 초대 교장은 육군총참모장(제6대, 1951. 6. 23.~1952. 7. 22.) 이종찬(李鍾贊) 장군이 겸직했다. 육군대학은 1951년 12월 11일, 사단과정 제1기를 선발하여 29주 동안의 첫 교육을 실시한다.

1952년 4월 21일, 이응준이 다시 현역으로 복귀했다. 이응준을 현역에 복귀시킨 인물은 신임 국방부장관(제4대, 1952. 3. 29.~1953. 6. 30.) 신태영(申泰英)인 것으로 생각된다. 신태영은 이응준과 대한제국 무관학교 동기였으며, 일본 육사 동기이기도 했다. 신태영이 국방부장관으로 취임한지 한 달도 지나지 않아 복귀발령이 난 것으로 봤을 때, 그의 힘이 크게 작용했을 것으로 생각되는 것이다.

신태영

현역에 복귀한지 한 달 보름쯤 지난 6월 8일, 이응준이 육군대학 제2대 총장에 임명됐다. 적절한 인사였다. 교육훈련은 이응준의 적성(適

性)이며 특기였다. 이응준은 일본군 장교로 복무한 30여 년 세월의 많은 부분을 교육훈련업무에 종사했었다.

1914년 12월에 일본군 소위로 임관한 이응준은 이후 1사단 3연대와 20사단 79연대에서 소대장·중대장·대대장으로 복무하며 사병들의 교육훈련에 힘을 기울였고, 중좌로 진급한 1936년에는 경성의학전문학교와 경성약학전문학교의 배속장교(配屬將校)로 근무했다.

1938년에는 북경의 북지파견군사령부(北支派遣軍司令部)에서 신병교육 업무를 수행했으며, 1939년에는 홋카이도(北海島) 병사구사령부(兵事區司令部)에서 장정을 징병하여 훈련하는 업무를 담당했다. 1940년에는 대구병사구사령부로 전속되어 같은 업무에 종사했다. 또한 1943년에는 중국 산동성 청도(靑島) 교육대장으로 부임하여 북중국에 주둔하는 각 부대에 보낼 장정들을 교육했다.

교육대장을 지낸 후 잠깐 팔로군(八路軍) 토벌작전에 참가하기도 했지만, 작전기간은 1주일에 불과했다. 이후 2년여 동안 중국 금주정거장사령관(錦州停車場司令官), 용산정거장사령관, 원산기지수송관으로 수송 업무에 종사하기도 했지만, 일본군 시절 이응준이 주로 맡은 보직은 교육훈련 분야였다.

1952년 당시에 육군대학 총장을 맡을 적임자로 이응준만한 인물이 없었다. 어느 누구보다 이응준을 잘 알고 있던 신태영 국방부장관이 이응준의 과거 경력을 감안하여 육군대학 총장직을 맡긴 것으로 짐작된다.

육군대학 총장에 취임한 이응준은 군사과목 위주이던 학과목(學科目)에 국사와 경제학을 추가했다. 당시, 일반 국민은 물론 고급장교들까지도 우리나라 역사를 잘 알지 못했다. 일제강점기 때 우리역사를 배우지 못했으니 당연한 일이었다.

'장교들이 역사의식으로 무장되어 있어야 일반 사병들에게도 교육을 시킬 수 있지 않겠는가. 또한 고급장교들이라면 경제학에 대한 기초 지식 정도는 가지고 있어야 하는 것이 당연하다.'는 것이 이응준의 생각이었다. 이것이 국사와 경제학을 추가한 이유였다.

이응준은 역사학자 신석호(申奭鎬)와 경제학자 고승제(高承濟)를 한 달에 두 번씩 초빙하여 특별강연회를 가졌다. 한편으로는 매주 한 차례씩 군사학 교관들을 소집하여 교수법연구회를 개최했다. 교관들이 서로의 강의 노하우를 공유하게 하여 더 나은 교수법을 개발하도록 유도하기 위해서였다. 1952년 11월 15일, 육군 중장으로 진급한 이응준은 다음 해 6월까지 육군대학 총장으로 재직한다.

제주도 제1훈련소장

1953년 6월경, 이응준에게 귀한 손님이 찾아왔다. 육군총참모장(제7대, 1952. 7. 23.~1954. 2. 13.) 백선엽(白善燁) 중장이었다. 백선엽 총장은 거두절미하고 제주도 제1훈련소를 맡아달라고 요청했다.

> 나는 일단 훈련소 책임자를 경험이 풍부한 사람에게 맡겨야 한다고 판단했다. 더구나 전시에 소집한 젊은이들이 지휘관들의 비리로 굶어 죽었던 '국민방위군 사건'이 터진 게 불과 얼마 전이었다. 우선 그런 사건이 아예 벌어질 수 없도록 청렴하면서도 노련한 지휘관이 필요했던 것이다.
> 나는 이응준 장군을 떠올렸다. 그는 당시 60을 바라보는 국군의 원로로, 육군대학 총장을 맡고 있었다. 인격적으로 훌륭한 이 장군이 훈련소를 맡아 운영하면 문제의 소지가 많은 제1훈련소가 그나마 제대로 유지될 수 있다는 생각에서였다. 나는 제주도 훈련소를 시찰하고 돌아온 뒤 육군대학으로 이 장군을 찾아갔다.
> - 중략 -

육군대학으로 이 장군을 찾아간 나는 간곡하게 부탁했다.
"모슬포 훈련소장을 맡아 주시면 더 이상 바랄 게 없겠습니다."
이응준 장군은 선뜻 내 제안을 받아줬다. 그는 "늙은 몸이나마 나라를 위해 쓰이면 좋은 일이지."라며 아무런 토를 달지 않았다.[40]

백선엽

---

40) 백선엽, 「내가 물러서면 나를 쏴라」 제3권, PP. 137-138.

백선엽 총장이 돌아가자 육군대학 부총장 민기식(閔機植) 장군이 "총장님, 제주 훈련소는 아주 열악한 곳입니다. 가지 마시지요."라며 이응준을 만류했다. 하지만 이응준은 개의치 않았다.

1953년 6월 17일, 이응준이 제주도 제1훈련소장에 임명됐다. 제주도 모슬포에 위치한 제1훈련소는 중공군 참전으로 전선이 다시 남쪽으로 밀리던 1951년 1월에 창설된 훈련소였다. 아군이 다시 낙동강방어선까지 밀릴지도 모르는 상황에 대비하여 뭍에서 멀리 떨어진 제주도에 신병훈련소를 세웠던 것이다.

제주도 제1훈련소장 시절의 이응준

제1훈련소는 훈련병 10만여 명을 수용할 수 있는 규모였다. 하지만 급조한 훈련소였기 때문에 병력을 천막에 수용해야 했다. 비가 자주 내리고 바람이 센 제주도의 기후 때문에 훈련병들의 거주여건은 최악이었다. 천막은 비에 젖어 늘 축축했고, 그나마 강풍에 날아가는 일도 종종 발생했다.

이런 기후 환경으로 인해 병력과 식량의 운송도 원활하지 않았다. 비바람으로 인해 해군 LST가 제주도를 오갈 수 있는 날이 1년에 90일 정도에 불과했기 때문이었다. 태풍이 닥치면 상황은 더욱 곤란해졌다. 식량 공급이 끊기는 것은 물론, 훈련이 끝난 신병들을 제때에 전선으로 실어 나를 수 없었던 것이다.

1953년 6월, 제1훈련소의 병력은 기간병과 훈련병을 합해 약 7만여 명에 달했다. 이응준이 부임하여 사병들의 상태를 살펴보니, 많은 사병들이 영양 부족으로 인해 건강 상태가 좋지 않았다. 이 때문에 연일 국회에서 '제1훈련소를 감사(監査)해야 한다.'고 성토하고 있는 상황이었다.

이응준은 급식(給食) 문제를 제1의 당면과제로 정하고, 대책을 수립하기 시작했다. 원인은 일부 간부들이 쌀을 빼돌리는데 있었다. 이응준은 쌀이 새어나가지 않도록 엄격하게 관리했다. 그리고 하루도 빠짐없이 사병식당을 찾아가 정량급식(定量給食)이 잘 시행되고 있는지 확인했다.

서너 달이 지나자 효과가 나타났다. 사병들의 얼굴에 활기가 돌기 시작한 것이다. 사병들의 체중이 늘어나고, 환자의 수가 현저하게 줄어들었다. 사병들의 건강상태가 좋아지면서 교육훈련도 강도 높게 시행할 수 있게 되었다. 이응준은 1년 남짓 소장으로 복무하는 동안 제1훈련소를 정상궤도에 올려놓았다. 이응준은 이 공로를 인정받아 국회의장 표창과 미국 공로훈장을 수훈하기도 한다.

47년 만에 군복을 벗다

1953년 7월 27일에 정전협정이 체결되면서 3년 1개월 2일 동안 계속됐던 6·25전쟁이 종지부를 찍었다. 전쟁 결과 대한민국은 38도선 이북지역이었던 철원·화천·간성 일대와 서해 5도를 차지하였으나, 대신에 옹진반도와 개성-사천 일대를 잃었다.

정전협정이 체결된 후 국군은 전열을 재정비하기 시작했다. 1953년 12월, 육군 제1야전군사령부를 창설했고, 1954년에는 육군 제2군사령부와 육군교육총본부를 창설했다. 군을 작전과 군수, 교육의 3개 기능으로 나누어 보다 효율적인 지휘체계를 확립한 것이다.

1954년 6월, 이응준이 육군참모차장에 임명됐다. 직제 상으로 육군참모차장은 육군참모총장(1954년 5월부터 총참모장 명칭이 참모총장으로 변경됨)을 보좌하는 자리였지만, 당시 이응준의 경우는 조금 달랐던 것 같다. 참모차장 외에 군편제위원회위원장(軍編制委員會委員長), 장군진급심사위원장(將軍進級審查委員長), 중앙징계위원장(中央懲戒委員長), 정병심사위원장(精兵審查委員長), 사건조사대책위원장(事件調查對策委員長) 등을

체신부장관 시절 이승만 대통령 부부와 함께 찍은 기념사진. 프란체스카 여사 오른쪽 두 번째가 이응준.

맡아 활동한 것으로 봤을 때, 실질적으로는 군의 원로 역할을 수행했던 것으로 생각된다.

1955년 9월 15일, 이응준이 육군 중장으로 예편했다. 대한제국 육군무관학교제복을 입은 지 47년 만에 군문을 떠난 것이다. 그때 그의 나이 65세였다.

예편한 다음 날, 이승만 대통령이 이응준을 제7대 체신부(遞信部)장관에 임명했다. 창군과 군 발전에 기여한 공로를 치하하는 마지막 배려였던 것으로 보인다. 이후 3년 동안 체신부장관직을 수행한 이응준은 1958년 9월, 야인으로 돌아간다.

그해 10월, 이응준은 자유당(自由黨) 성북을구(城北乙區) 지구당위원장을 맡게 된다. 자유당의 모(某) 중진이 권유해서였다고 한다. 자의든 타의든 간에 정계(政界)에 발을 들인 것이다.

1960년, 3·15부정선거로 인해 4·19혁명이 일어났다. 그 결과 이승만의 제1공화국이 막을 내리고 과도정부(過渡政府)가 수립됐다. 이때 과도정부의 내각수반 허정(許政)이 이응준에게 국방부장관직을 제의했다고 한다. 하지만 이응준은 자유당 정권 시절에 체신부장관과 지구당위원장을 지낸 것이 마음에 걸려 사양했다고 한다.

그해 7월 29일, 제5대 국회의원선거가 전국적으로 실시되었다. 이응준도 강원도 철원에서 출마했지만 낙선하고 만다. 7·29총선 결과 제2공화국이 수립됐다. 하지만 집권당인 민주당(民主黨)의 무능력으로 인해 나라는 혼란에 휩싸였다.

1961년, 국정을 쇄신한다는 명분하에 박정희(朴正熙) 소장을 중심으로 하는 일단의 군인들이 5·16 군사쿠데타를 일으켰다. 정권을 잡은 이들은 2년 7개월 동안 군정을 실시했다. 이후 박정희 장군은 1963년 10월 15일에 실시된 제5대 대통령선거에서 당선되어 제3공화국을 출범시킨다.

제5대 대통령선거를 6개월 앞둔 1963년 4월, 과도정부의 내각수반이었던 허정을 중심으로 '신정당(新政黨)'이 태동했다. 이응준도 이 대열에 합류했다. 이응준은 그해 5월 17일에 열린 제1회 신정당 상임위원회에서 의장으로 선출된다.

그해 7월, 신정당(新政黨)·민정당(民政黨)·민우당(民友黨) 세 야당이 통합을 추진하기 시작했다. 그 결과 9월 10일, 세 야당이 통합한 '국민의 당'이 발족되었다. 이응준은 당 지도위원으로 선출됐다.

하지만 국민의 당은 대통령 후보 선출 문제로 곧 분열하고 만다. 정당등록을 한지 3일 만인 9월 13일에 민정당이 이탈하고 만 것이다. 국민의 당은 대통령 후보로 허정을 선출했지만, 얼마 후 허정은 야권단일화를 위해 후보를 사퇴한다.

10월 15일, 제5대 대통령선거가 실시됐다. 여당인 민주공화당(民主共和黨) 후보 박정희와 민정당 후보 윤보선(尹潽善)의 양자대결 구도로 치러진 선거에서 박정희 후보가 승리했다. 11월 26일에는 제6대 국회의원선거가 실시됐다. 선거 결과 여당이 110석, 야당의 제(諸) 정당이 65석을 차지했다. 야당의 참패였다. 게다가 국민의 당은 2석밖에 얻지 못했다.

선거에서 참패한 국민의 당은 선거패배의 책임을 놓고 분열하기 시작했다. 그해 12월, 국민의 당의 분열상에 염증을 느낀 이응준은 당에서 탈당하여 정계를 떠났다. 모사(謀事)를 모르는 이응준의 성품에 비춰봤을 때, 그에게 정치는 애당초 '맞지 않는 옷'이었을 것이다.

만년의 나날

 이후 이응준은 성우회장, 반공연맹 이사장, 재향군인회 고문 등을 역임하며 만년(晩年)을 보냈다. 한편으로는 도산 안창호 선생 기념사업과 흥사단(興士團)[41] 재건사업, 애국지사 이승훈(李昇薰)이 설립한 오산학교(五山學校) 재건사업, 독립운동가 손병희(孫秉熙)와 안중근(安重根) 의사 기념사업에도 참여했다.

 이응준은 만년에 직접 회고록을 저술했는데 1982년에 출간된 '회고 90년'이 그것이다. 이응준은 이갑 참령을 만난 16세 이후부터 80여 년 동안 하루도 빠짐없이 일기를 썼다고 한다. 그 일기를 바탕으로 해서인지 그의 회고록은 역사적 사실과 연대가 정확하고, 수십 년 전의 감회도 마치 어제 일인 것처럼 실감나게 표현하고 있다.

---

41) 흥사단(興士團): 1913년, 도산 안창호가 미국 샌프란시스코에서 결성한 무실(務實)·역생(力行)·충의(忠義)·용감(勇敢)의 4대 정신을 이념으로 하는 수양단체. 1961년에 사단법인이 되었고, 현재 서울특별시 종로구 동숭동에 본부를 두고 있으며, 전국에 10개의 지부가 있다.

부인 이정희와 바둑을 두며 만년을 소일하는 이응준

이응준은 100년 가까이 살며 천수(天壽)를 누렸다. 일본에 유학했던 대한제국 마지막 무관생도 44명 중에서도 가장 오랫동안 생존했다. 무관생도들의 우정은 아주 각별했다. 낯선 일본 땅, 오만한 일본인들 사이에서 서로를 격려해가며 동문수학을 하였으니 그럴 만도 하지 않겠는가.

그래서인지 그의 회고록에는 동기들 한 사람 한 사람의 사망일과 고인에 대한 애틋한 소회가 빠짐없이 적혀 있다. 수많은 사람들의 회고록을 읽어봤지만 매우 드문 경우다. 80여 년 동안 기록한 일기를 바탕으로 회고록을 썼기에 가능했을 것이다. 그 중 몇 대목을 적어본다.

백산(白山) 이청천(李靑天) 장군이 57년 1월 15일, 향년 72세를 일기로 별세했다. ……. 우리는 거의 매일같이 김광서 중위 집에 모여 시사(時事)를 통탄해 마지않았다. 그 후 나는 몇 달에 걸쳐 평양에 가있게 되었다. 해외망명의 밀약이 되어 있었으나 내가 평양에 가 있는 사이에 김광서·지대형(池大亨: 이청천의 아명) 양인은 만주로 탈출해버렸다. ……. 그가 돌연히 서거한 것은 나로서 통석(痛惜)함을 금치 못하게 했다.[42]

1959년 4월 7일 아침 여섯시에 신태영(申泰英) 장군 별세의 연락이 왔다. ……. 지난 날 3월 9일에 그의 생신을 맞이하여 한턱 잘 대접받으며 환담을 나누던 그가 말없이 누워 있음을 지켜볼 때 인생의 덧없음을 실감하지 않을 수 없었다. 신 장군과 나 사이는 공직에 있거나 야인으로 있거나를 막론하고, 또 지위의 고저에 가림 없이 언제나 한결같은 관계였다. 그가 돌연 세상을 떠나니 애석하고 통절한 그 정을 금할 길 없어 명복을 빌 뿐이다. ……. 4월 12일, 신 장군의 장례식이 거행되었다. 당시 육군참모총장인 송요찬(宋堯讚) 장군의 발의로 육군참모총장의 직책을 사겼던 인사는 육군장(陸軍葬)으로 예우한다는 예(例)를 만들어 고인은 그 첫 번째의 예우를 받아 육본 광장에서 성대하고 엄숙하게 영결식이 거행되었다. 그 자리에서 나는 우인대표(友人代表)로 그를 애도하는 조사(弔辭)를 하였다. 그리고 그 후 상도동 장지(葬地)까지 갔다 왔다.[43]

---

42) 이응준, 「회고 90년」, PP. 361-362.
43) 이응준, 「회고 90년」, PP. 396-397.

김준원

1969년 원단(元旦)을 맞이하여 비보(悲報)에 접하였다. 아침 10시 20분 외우(畏友) 김준원(金埈元) 옹(翁)의 별세였다. 그는 나와 일본 육사 동기생이다. 오늘까지 동기생으로 김준원·이대영과 나 등 3인만이 생존해 있는데 이제는 다만 두 사람만이 쓸쓸하게 남게 되었다. 고인이 된 김 옹은 천성이 지극히 온유(溫柔)하며 법이 없어도 살 수 있는 사람이었다. 파안대소(破顔大笑)에 능란한 유머를 구사하는 인간미가 넘쳤으며, 나와도 우정이 두터운 사이였다. 만년에는 내 바둑 친구로 병상생활 전까지는 매일같이 만나 바둑을 두었는데 그의 부보(訃報)에 참으로 놀랐고, 슬픔을 달래기 어려웠다. 그의 아들은 세상에 그 이름이 널리 알려진 초대공군참모총장이요, 국방부장관을 지낸바 있는 김정렬(金貞烈) 장군이다. 기자승어부(其子勝於父)[44]라는 옛말을 들을 때마다 매우 기쁘게 여겨온 고인이었다. 김준원 옹의 영결식은 1월 5일 엄숙하게 종료되었다. 그를 양주군(楊州郡) 금곡리(金谷里)에 안장한 후 돌아오는 발길은 무거웠다.[45]

이응준은 차례로 자신의 곁을 떠나가는 동기들을 바라보며 세월의 무상함을 느꼈던 것 같다. 그런데 특이한 것은 이청천에 대한 감회가 매우 짧다는 점이다. 이응준은 동기들 중에서도 이청천과 가장 각별한 사이였다. 서슴없이 속내를 보여도 되는 친구였기에 만주로의 망명도 함께 도모할 수 있었다. 하지만 약속을 지키지 못했기에 이응준은 평생 '마음의 짐'을 안고 살았던 것 같다. 그 때문에 '괴롭고 아쉽다.'는 통석(痛惜)이라는 표현 이외에 다른 말은 할 수 없었던 것이 아닐까.

1985년 7월 8일, 향년 95세를 일기로 이응준도 동기들의 뒤를 따랐다. 육군이 '육군장(陸軍葬)'으로 마지막 예의를 갖췄고, 그의 유해는 동작동 국립현충원 장군묘역 2-8에 안장되었다. 그로부터 2년이 지난 1987년 9월 29일, 이응준의 부인 이정희도 세상을 떠났다. 이정희는 남편의 묘역에 합장되었다.

---

44) 기자승어부(其子勝於父): 아버지보다 뛰어난 아들을 말함
45) 이응준, 「회고 90년」, P. 558.

영욕을 넘나든 인물, 이응준

앞에서도 얘기한 바 있지만, 이응준은 운(運)을 타고난 사람이었다. 특히 놀라운 것은 그가 어려운 상황에 처할 때마다 귀인(貴人)이 나타나 도움의 손길을 내밀었다는 사실이다. 마치 드라마나 영화에서나 나올 법할 우연과 행운이 계속해서 찾아오곤 하는데 정말 신기할 정도다.

산간벽지 가난한 농부의 아들로 태어났지만, 곽 초시 덕분에 한학(漢學)을 배울 수 있었고, 평생의 은인 이갑 참령을 만나 신학문도 접할 수 있었다. 생면부지의 이갑 참령은 서슴없이 이응준을 자신의 집에 들였고, 보성중학교에 넣어주었다.

어디 그뿐인가. 권총을 분실하여 군법에 회부될 위기에 빠지자 우쓰노미야 대장이 구해주는가 하면, 소련군이 원산항에 상륙했을 때는 한 역무원이 탈출을 돕는다. 행운은 이것으로 끝나지 않았다. 광복 후 일본군 대좌 출신이라는 자책감에 은인자중하고 있던 그에게 미군정청이 손을 내밀었다. 이 덕분에 이응준은 창군에 크게 일조(一助)할 수 있었다.

일본 유학시절, 이응준은 김성수(金性洙), 백남훈(白南薰), 송진우(宋鎭禹), 이광수(李光洙), 장덕수(張德秀), 진학문(秦學文), 최승만(崔承萬), 현상윤(玄相允) 등 많은 유학생들과 교분을 가졌다. 하나같이 쟁쟁한 인물들이었다. 이응준은 이들을 통해 폭넓은 인맥을 쌓을 수 있었다. 그 인맥은 이응준을 권력의 핵심으로 인도했다. 광복 후, 독립지사 이승만(李承晩, 당시 70세) 박사가 귀국(1945년 10월 16일)하자마자 이응준을 소개한 사람도 그 인맥 중의 한 명인 윤치영(尹致暎)이었다.

> 처음 뵌 자리에서 이 박사에게 내 자신을 소개하며 "최근까지 일본군인 노릇을 해왔습니다." 하고 쑥스런 표정을 짓자, "그 뭐 상관있나? 이청천이도 그렇잖은가?" 하며 여유 있게 받아 넘긴 그는 미군정 때 여러 정치인들과 접촉하는 과정에서 내 신분을 알게 되었던 것 같고, 마침내 초대 육군참모총장과 제7대 체신부장관의 중책을 내게 맡겼던가 보다.[46]

이 모든 행운은 이응준의 명석한 두뇌와 학문에 대한 열정에서 기인한다. 이응준은 항상 배움을 갈구했으며, 평생 배우기를 게을리 하지 않았다. 또한 이응준은 넉살 하나는 타고한 인물이었다. 남다른 친화력(親和力)이 있었던 이응준은 일본 유학시절, 일본인 생도들과도 친밀한 관계를 유지했다고 한다.

---

46) 이응준, 「회고 90년」, P. 421.

게다가 이응준은 근면하고 성실한 인물이었다. 사람이 가질 수 있는 여러 가지의 장점들을 한 몸에 지닌 인물인 것이다. 창군 원로들이 쓴 수많은 회고록에 기록된 그에 대한 인물평에 의하면 틀림없는 사실인 것으로 생각된다.

하지만 그에게는 치명적인 결격사유가 있었다. 일본군으로 복무했다는 사실이 그것이다. 이에 대해 이응준은 그의 회고록에서 어쩔 수 없는 일이었다고 얘기하고 있다. 그가 쓴 '회고 90년' 서문에 나오는 내용이다.

> 지금 구순역정(九旬歷程)을 돌이켜 볼 때 남에게 자랑할 만한 업적이 있는 것도 아니고, 남의 모범이 될 만한 덕행이 있는 것도 아니다. 다만 자의 반(自意半) 타의 반(他意半)으로 정해진 나의 길을 열심히 성실하게 걸어왔을 따름이다. 그동안 좌절감도 느끼고 고민도 하였으나, 나의 길을 운명이거니 생각하고 걸어왔다.[47]

'마지막 무관생도들'이라는 책이 있다. 이 책은 대한제국 육군무관학교의 마지막 생도들이 선택한 '애국적 자기희생'과 '반민족적 배반'의 두 갈래 인생길, 그리고 그들이 안았던 욕망과 양심의 갈등을 소설로 형상화한 책이다. 이 책의 저자 이원규 씨의 표현에 의하면 이응준은 '애국적 자기희생'의 길을 포기하고 '반민족적 배반'의 길을 선택한 사

---

47) 이응준, 「회고 90년」, P. 14.

람이다.

  이원규 씨는 '마지막 무관생도들'을 쓰기 위해 자료들을 모두 모아놓고도, 여러 해 동안 책을 쓸 엄두를 내지 못했다고 한다. 그리고 한동안 '내가 그들 중 하나였다면 어떤 길을 선택했을까?' 하는 화두를 안고 살았다고 한다. 오랜 망설임 끝에 저술에 들어간 그는 책의 서문에 이렇게 쓰고 있다.

> 대한제국 마지막 무관생도 45명의 삶은 한국 근현대사의 영욕을 고스란히 담고 있다. 자랑스럽고 감격스러운 이야기도 있지만 가슴 턱 막히는 아쉬운 이야기가 더 많다. 슬프지만 그들은 우리의 자화상이다. 역사는 현재의 거울이자 미래를 가리키는 지표이다. 이 책이 많은 독자들 앞에 가기를 바라지만 더 큰 희망은 젊은이들의 손에 이르러, 잊혀진 역사의 진실과 교훈이 그들의 가슴을 북소리처럼 울려주고, 어떻게 살아야 하는가를 한 번 생각하게 해주는 것이다.[48]

  '내가 그들 중 하나였다면 어떤 길을 선택했을까?' 하는 화두를 안고 살았다는 이원규 씨의 말은 나에게 신선한 충격으로 다가왔다. '참 솔직한 분이구나.'라는 생각이 들었다. 덕분에 나도 한동안 '내가 그들 중 하나였다면 어떤 길을 선택했을까?' 하는 화두를 안고 살아야만 했다. 만일(萬一)이라는 가정이 붙어있긴 하지만, 너무나 두려운 질문이

---

48) 이원규,「마지막 무관생도들」, PP. 6-7.

었기 때문이었다. 나는 나에게 이런 대답을 할 수밖에 없었다.

"선택하지 말자. 다시는 그런 선택을 강요받는 상황에 처하지 말자. 다시는 나라의 주권을 뺏기지 말자. 그것이 오늘을 사는 우리의 책임이다."

학술지 '한국사 시민강좌' 제43집(2008년) 특집 '대한민국을 세운 사람들'에 '이응준, 국군 창설의 산파'를 게재한 동국대 사학과 이기동(李基東) 교수는 이응준을 이렇게 평가했다.

"군사적 측면에서 대한민국을 세운 공로자의 한 사람으로 떠받들어도 결코 지나친 것은 아니라고 생각된다."

그것은 틀림없는 사실이다. 1954년 5월 12일, 이응준은 군 최고의 영예인 태극무공훈장(훈기번호 제170호)을 수훈했다. 그리고 1971년 1월 23일에는 보국훈장 통일장을 수훈했다. 대한민국과 국군이 이응준을 '창군의 원훈(元勳)'으로 포상한 것이다.

2007년 12월 6일, 대통령 소속 '친일반민족행위진상규명위원회'가 노무현(盧武鉉) 대통령과 국회에 '일제강점기 중기 친일반민족행위 관련자 195명'을 보고했다. 이 명단에는 이응준도 포함되어 있다. 위원회는 이응준을 '친일반민족행위 관련자'에 포함시키면서 이런 의견을 달았다.

> 애국지사 이갑의 지원으로 학교를 다녔고, 그 인연으로 사위가 되었으며, 그에 대한 존경심과 동질감을 가졌다. 그런 성향으로 인해 1919년 김광서, 지석규 등과 함께 탈출을 모의했으나 탈출하지 않

았다. 조선인으로서의 자각은 갖고 있었다고 보여지나, 군인으로서 충성해야 할 국가에 대한 관념이 결여되어 있었다. 직업군인이기 때문에 일제에 충성할 수밖에 없었다는 논리는 같은 육사 출신이면서도 대륙으로 망명하여 독립운동에 투신한 선후배들과는 전혀 다른 길을 걸었다는 점에서 합리화 될 수 없다.[49]

이렇듯 이응준에 대한 역사적인 평가는 양극단(兩極端)을 달린다. '창군의 원훈'으로 평가되는가 하면, '친일반민족행위 관련자'로도 평가되고 있다. 그렇다면 우리는 과연 이응준을 어떻게 평가해야 할까? 그것은 독자들 각자의 몫으로 남겨둘까 한다.

---

49) 이원규, 「마지막 무관생도들」, PP. 504-505.

/ 이력과 경력 /

○ 1890. 8. 12.		평안남도 안주군 출생
○ 1906. 9. 22.	(16세)	서울 보성중학교 1회 입학
○ 1908. 봄	(18세)	대한제국 육군무관학교 편입
○ 1909. 9. 7.	(19세)	일본 육군중앙유년학교 예과 3학년 편입
○ 1912. 12. 1.	(22세)	일본 육군사관학교 입교
○ 1914. 12. 25.	(24세)	일본군 육군 소위 임관
○ 1916. 12.	(26세)	중위 진급
○ 1925.	(35세)	대위 진급
○ 1931.	(41세)	소좌 진급
○ 1936.	(46세)	중좌 진급
○ 1941. 3.	(51세)	대좌 진급
○ 1945. 8. 15.	(55세)	원산항에서 수송업무 중 광복 맞음
○ 1946. 1. 4.	(56세)	미군정 국방사령부 군사고문
1. 14.		남조선국방경비대 창설
6. 12.		대령 특별 임관(군번 110번)/ 감찰총감
○ 1947. 12. 1.	(57세)	초대 제3여단장
○ 1948. 2. 5.	(58세)	제1여단장
12. 10.		육군 준장 진급(최초 장성 5명 중 1인)
12. 15.		초대 육군총참모장(육군참모총장) 취임
○ 1949. 2. 4.	(59세)	육군 소장 진급
5. 8.		육군총참모장 사임
6.		초대 제3사단장

○ 1950. 4. 22.	(60세)	제5사단장
6. 27.		미아리지구방어전투 수행
6. 28.		수원지구방위사령관
7.		전남편성관구사령관
11. 13.		예편
○ 1952. 4. 21.	(62세)	현역 복귀
6. 8.		육군대학 총장
11. 15.		육군 중장 진급
○ 1953. 6. 17.	(63세)	제주도 육군 제1훈련소장
○ 1954. 6.	(64세)	육군참모차장
○ 1955. 9. 15.	(65세)	육군 중장 예편, 체신부 장관(~1958. 9. 9.)
		성우회장/반공연맹 이사장/재향군인회 고문 등 역임
○ 1985. 7. 8.	(95세)	타계

참고문헌

국방부 군사편찬연구소, 「건군사」, 2002

국방부 군사편찬연구소, 「6·25전쟁과 채병덕 장군」, 2002

국방부 군사편찬연구소, 「6·25전쟁사」 제2권, 2005

국방부 군사편찬연구소, 「6·25전쟁사」 제3권, 2006

국방부 군사편찬연구소, 「6·25전쟁사」 제4권, 2008

국방부 군사편찬연구소, 「6·25전쟁사」 제5권, 2008

국방부 군사편찬연구소, 「태극무공훈장에 빛나는 6·25전쟁 영웅」, 2003

국방부 군사편찬연구소, 「한중군사관계사」, 2007

국방부 전사편찬위원회, 「한국전쟁사」 제1권, 1977

국방부 전사편찬위원회, 「한국전쟁사」 제2권, 1979

육군본부, 「創軍前史」, 1980

육군본부 군사연구실, 「의장 안병범」, 1989

육군본부 군사연구소, 「한국군사사」 제9권, 2012

육군본부 군사연구소, 「한국군사사」 제15권, 2012

고정훈, 「군」, 동방서원, 1967

권성욱, 「중일전쟁- 용, 사무라이를 꺾다 1928~1945」, 미지북스, 2015

김경천 지음, 김병학 정리 및 현대어역, 「경천아일록」, 학고방, 2012

김석원, 「노병의 한」, 육법사, 1977

김선덕, 「실록 대한민국 국군 70년, 本紀(상)」, 도서출판 다물아사달, 2015

김정렬, 「항공의 경종」, 대의, 2010

백선엽, 「내가 물러서면 나를 쏴라」 제3권, 중앙일보, 2011

역사교과서연구회(한국)·역사교육연구회(일본), 「한일교류의 역사」, 혜안, 2007

유재흥, 「격동의 세월」, 을유문화사, 1994

이기동, 「비극의 군인들-일본육사출신의 역사」, 일조각, 1982

이기동, 「이응준, 국군 창설의 산파」, 『한국사 시민강좌』, 일조각, 2008

이명영, 「김일성열전」, 신문화사, 1974

이원규, 「마지막 무관생도들」, 푸른사상, 2016

이응준, 「회고 90년」, 산운기념사업회, 1982

이정희, 「아버님 추정 이갑」, 인물연구소, 1981

이형석, 「지청천」, 『한국 근대인물 백인선』, 동아일보사, 1970

전쟁기념관, 「항일독립전쟁의 새로운 접근」, 2015

주요한, 「추정 이갑」, 대성문화사, 1964

지헌모, 「청천장군의 혁명투쟁사」, 삼성출판사, 1949

최영희, 「전쟁의 현장」, 걸게이트, 2009

한용원, 「창군」, 박영사, 1984

인명색인

ㄱ

강용희 92

강우영 108

강태무 215

고종(高宗) 36 / 38-39 / 41 / 51 / 69 / 74 / 76 / 77 / 85-86 / 94 / 99-100 / 102 / 218

권승록 92

권영한 108 / 119

권준 217 / 221

권호선 92-94

그린(Adwin W. Green) 177

김경천(김광서) 76 / 122-123 / 129-130 / 132-136 / 138 / 140 / 143-147 / 152 / 255 / 262

김관현 92

김광협 227

김교선 92-94

김구 170 / 200-201

김규복 92-93

김기원 76

김동운 145

김무정 227

김백일 184 / 193 / 210 / 220

김봉석 92

김석원 109 / 122 / 167 / 216 / 221

김성수 259

김성은(金成殷) 92-93

김성은(金聖恩) 235

김수임 213

김안일　213
김약수　144-145
김영헌　76
김옥균　43-44 / 75
김응선　76
김인욱　109 / 122
김일성(金日成)　76 / 138-139 / 140 / 144-145
김일성(金一成)　139-140
김일성(김성주)　145 / 195 / 207 / 227
김종범　144-145
김종석　185 / 213
김종식　109 / 122
김종오　182 / 193 / 224-226
김준원　108 / 119 / 144 / 167 / 256-257
김중규　109 / 122
김지간　88
김창룡　213
김창희　139 / 145
김형섭　76 / 92-95 / 98
김홍남　92
김홍일　211 / 231-232 / 235
김흥진　92-94
김희선　76 / 88 / 92-94

ㄴ

남기창　76
남상필　108
남태현　109 / 122
노무현　262
노백린　65 / 76 / 92-93 / 103-106
니콜라이2세　125

도고 헤이하치로(東鄕平八郞)　56

ㄹ

레닌　125
류관희　109 / 122
류춘형　109
리스(Leal W. Reese)　177
리지웨이(Ridgway, Matthew)　238

ㅁ

마상철　227
마이켈리스(John H. Michaelis)　235
말리크　237
메이지(明治)　30
모택동　155 / 214 / 222
문연섭　229
미우라　50
민겸호　40-41
민기식　180 / 193 / 246
민덕호　108 / 119
민병은　109
민영준(민영휘)　71 / 79-81
민 왕후(閔王后)　36 / 41 / 51
민형식　81

박기병　181 / 192 / 226 / 228
박두영　76

박승훈 108 / 120 / 167
박영철 73 / 76
박영효 43-44 / 74-76
박유굉 75-76
박은식 82
박정희 220 / 251-252
박창하 109 / 122
방영주 92-94 / 121
백남훈 259
백선엽 183 / 213 / 220 / 224 / 244 / 246
백인엽 181 / 193 / 224
백홍석 109 / 122 / 167
밴 플리트 238-240
버나드 197
부의(溥儀) 155 / 219

ㅅ

서광범 75
서재필 43 / 72
서정필 109 / 122
손병희 253
손원일 211
손정도 128
송진우 259
송호성 201-202 / 210-211 / 216 / 221
순종(純宗) 7 / 69 / 86 / 99-100 / 106 / 218
쉬크(Lawrence E. Schick) 168 / 173 / 175
스탈린 146 / 222
신성모 215 / 236
신우현 109
신채호 88-89

신태영　108 / 110 / 120 / 167 / 241-242 / 255
신팔균　135-136

ㅇ

아고(Reamer W. Argo)　9 / 173-176 / 189-192
아놀드(Archibald V. Arnold)　168 / 175-176
안종인(안병범)　108 / 110 / 120 / 167 / 181
안중근　88 / 109 / 253
안창호　84- 86 / 88-89 / 99-100 / 157-159 / 190 / 253
양기탁　85
어담　76 / 86 / 92-93
엄귀비　218
엄주명　218
염창섭　108 / 120
오구라 유사부로　103
오일균　185 / 193 / 213
우쓰노미야(宇都宮太郎)　149-153 / 258
워커(Walton H. Walker)　238
원용국　109 / 122
원용덕　172-174 / 176-177 / 182 / 189 / 210 / 220
유동열　76-78 / 85 / 88 / 170 / 190 / 197-202
유승렬　108 / 120 / 167 / 216 / 221 / 225
유재흥　179 / 216 / 221 / 224-225 / 228
유해준　176 / 182
윤보선　252
윤봉길　157
윤상필　109 / 122
윤우병　109
윤치성　92-93
윤치영　259
이갑　65-67 / 69-72 / 76-86 / 88-92 / 94-96 / 98-100 / 102-103 / 107 / 109 / 122-124 / 126-127 / 132-134 / 148 / 157-159 / 190 / 199 / 253 / 258 / 262

이강 218
이강우 108 / 122
이건 218
이건모 108
이건영 134
이광수 259
이교석 109
이권무 227
이기농 93 / 262 / 267
이기옥 93
이동녕 85 / 128
이동훈 8 / 109 / 116 / 122
이동휘 85 / 88
이명영 139 / 144
이범석 197 / 209
이상설 85
이석영 134
이성가 176 / 182 / 224-225 / 227
이승만 128 / 209-210 / 215 / 238-240 / 250-251 / 259
이승훈 253
이시영 134 / 209
이영호 227
이완용 86 / 99 / 218
이용익 98
이우 218
이원규 260- 261
이위종 85
이응섭 109
이재복 213
이정희 84 / 90-91 / 95- 97 / 123-124 / 126 / 130 / 133 / 148 / 157-159 / 199 / 257
이종만 88

이종찬 219 / 225 / 240
이종혁 8 / 109 / 115 / 122
이종호 88-89
이준 85
이준식 216 / 221
이중업 213
이척 218
이철영 134
이청송 227
이청천(지석규) 8 / 108 / 110 / 114-115 / 117 / 120 / 123 / 129-130 / 132 / 134-137 / 144 / 151-152 / 190 / 197 / 255 / 257 / 259 / 262
이토 히로부미(伊藤博文) 86 / 88 / 99 / 109
이형근 179 / 192-193 / 203 / 205 / 217 / 221 / 224
이형석 117 / 218 / 219
이호영(이대영) 108 / 113-114 / 120
이호영(李護榮) 134
이회영 134
이희겸 108 / 122
이희두 76 / 86 / 106
임재덕 93

ㅈ

장개석 155 / 222
장기형 108 / 122
장덕수 259
장석륜 109 / 122 / 179 / 193
장성환 108 / 122
장유근 109 / 122
장인근 93
장호익 93-94
전덕기 85

전우 227
정동춘 109
정운복 82
정일권 179 / 193 / 220 / 233
정훈 109 / 122
조대호 218
조중응 218
조철호 8 / 108 / 115 / 120
조택현 93-94
진학문 259

ㅊ

참페니(Arthur S. Champeny) 175
채병덕 167 / 179 / 192-193 / 205 / 211 / 219 / 221 / 226 / 228 / 231 / 233
처치(John H. Church) 233
최남근 183 / 213
최성수 132 / 149
최승만 259
최충국 227
최현 227
스차코프(Ivan Chistiakov) 166

ㅍ

페리(Matthew C. Perry) 29
표무원 215
프라이스(Terrill E. Price) 201 / 206

ㅎ

하나부사(花房義質) 41

하지(John R. Hodge)　168 / 170
허정　251-252
현상윤　259
호리모토 레이조　39
홍범도　129
홍사익　109 / 110-111 / 117 / 120 / 122
홍영식　43
흥선대원군　36 / 38 / 41
히틀러(Adolf Hitler)　160

도서출판 다물아사달 기획 '국군열전' 시리즈

다물아사달에서는 창군(創軍)과 6·25전쟁, 그리고 대한민국 발전과정에서 노심초사한 '참군인'들과 UN군 참전용사들을 선정하여 그들의 삶과 업적을 오늘에 되살리는 '국군열전'을 기획하고 있습니다.

인천상륙작전의 숨은 주역, **함명수** (2016년 5월 30일 출간)

무적 해병의 전설, **공정식** (2016년 11월 11일 출간)

마지막 기병대장, **장철부** (2017년 3월 1일 출간)

육군의 산파역, **이응준** (2017년 10월 1일 출간)

초대 제2군사령관, **강문봉**

영원한 벽창우(碧昌牛), **강영훈**

가평전투의 영웅, **권동찬**

포병의 뿌리, **김계원**

6·25전쟁의 4대 영웅, **김동석**

베티고지전투의 영웅, **김만술**

38도선 돌파와 흥남철수작전의 주역, **김백일**

내가 여기 있다, **김석원**

귀신 잡는 해병, **김성은**

영원한 공군 조종사, **김신**

미군 속의 한국영웅, **김영옥**

빨간마후라의 신화, **김영환**

영천전투의 맹장, **김용배**(金容培)

불굴의 장군, **김웅수**

한강교를 넘어라, **김윤근**

붓을 든 무인, **김익권**

대한민국 국가건설의 주역, **김일환**

최고의 지장(智將), **김점곤**

공군의 대부, **김정렬**

백마고지의 영웅, **김종오**

대한민국 특무부대장, **김창룡**

방송국을 사수하라, **김현수**

한강방어전투의 영웅, **김홍일**

뚝심의 맹장, **민기식**

백골부대의 마지막 자존심, **박경원**

공병 발전의 주역, **박기석**

광복군 출신 장군, **박기성**

불굴의 연대장, **박노규**

하늘에 진 별, **박범집**

광복군의 원로, **박시창**

제2대 해군참모총장, **박옥규**

풍운의 별, **박정인**

자주국방의 초석, **박정희**

제주 4·3사건의 지휘관, **박진경**

용광로의 신화, **박태준**

대한민국 최초의 대장, **백선엽**

여순 10·19사건의 순국자, **백인기**

서울수복작전의 주역, **백인엽**

해군의 아버지, **손원일**

용문산전투의 영웅, **송석하**

타이거 장군, **송요찬**

화령장전투의 맹장, **송호림**

조선경비대 제2대 사령관, **송호성**

불운한 국방부장관, **신성모**

포병의 아버지, **신응균**

카이젤 장군, **신태영**

해병대의 뿌리, **신현준**

6·25의 의장(義將), **안병범**

반공포로의 아버지, **원용덕**

통위부장, **유동열**

초대 한미연합사 부사령관, **유병현**

뚝심의 야전사령관, **유재흥**

대한민국 전투조종사, **윤응렬**

창공에 산다, **이강화**

비운의 국방부장관, **이기붕**

마지막 주월 공사, **이대용**

제6대 해군참모총장, **이맹기**

대한민국 초대 국방부장관, **이범석**

율곡계획의 개척자, **이병형**

영천전투의 영웅, **이성가**

초대 제3군사령관, **이세호**

대한민국 최초의 국군통수권자, **이승만**

풍운아, **이용문**

최장수 육군대학 총장, **이종찬**

미 군사고문단을 구하라, **이지엽**

육사 중흥의 견인차, **이한림**

군번 1번, **이형근**

최고의 연대장, **임부택**

백마고지의 또 다른 영웅, **임익순**

백골부대장, **임충식**

강단의 장군, **장경순**

용문산대첩의 주역, **장도영**

공군의 작전통, **장지량**

제9대 합참의장, **장창국**

영원한 백골부대 맨, **장춘권**

장사동상륙작전의 주역, **전성호**

제18대 국방부장관, **정래혁**

대한민국 군인, **정승화**

구국의 육해공군총사령관, **정일권**

후방을 안정시킨 빨치산 토벌대장, **차일혁**

따이한의 별, **채명신**

영욕의 육군참모총장, **채병덕**

부동여산(不動如山)의 명장, **최영희**

대한해협해전의 신화, **최용남**

하늘의 개척자, **최용덕**

경찰의 지장, **최치환**

참 군인, **한신**

위국헌신의 연대장, **함준호**

운명을 개척한 의지의 장군, **황인성**

외전(外傳)

돌아온 **딘**

제2대 UN군사령관, **리지웨이**

불멸의 노병, **맥아더**

지평리전투의 영웅, **몽클라르**

대한민국 국군의 영원한 벗, **밴 플리트**

장진호의 대장정, **스미스**

미 극동공군사령관, **스트레이트마이어**

낙동강을 사수하라, **워커**

휴전회담 수석대표, **조이**

미국 역사상 최초로 승리하지 못한 사령관, **클라크**

중립국 송환위원회 의장, **티마야**

최고의 한국통, **하우스만**

전쟁고아의 아버지, **헤스**